服务设计

Service Design

王 祥　李亦文　编著

化学工业出版社

·北京·

内容简介

为顺应服务设计最新发展态势和满足学习者的学习需求,本书按下述理念依次展开论述:在明确服务设计定义的基础上,比较服务设计与产品设计的不同,进而梳理服务设计的实践流程,同时从WHO、WHAT和HOW三个角度讲解服务设计中可能使用的方法,此外,注重阐述服务设计版面及表现要素设计,并将以上理论知识与服务设计的四个具体实践案例联系起来,旨在通过案例来讲解服务设计在医疗行业、商业、美丽乡村建设和校园等方面的创新和运用。

本书适合普通高等学校产品设计、工业设计、视觉传达设计等专业的师生作为教学用书,同时也可作为服务设计相关从业者和爱好者的参考用书。

江苏高校"青蓝工程"资助

图书在版编目(CIP)数据

服务设计/王祥,李亦文编著. —北京:化学工业出版社,2022.4(2024.11重印)

(汇设计丛书)

ISBN 978-7-122-40842-6

Ⅰ.①服… Ⅱ.①王…②李… Ⅲ.①商业服务-服务模式-研究 Ⅳ.①F719

中国版本图书馆CIP数据核字(2022)第033461号

责任编辑:李彦玲	文字编辑:吴江玲
责任校对:边 涛	装帧设计:王晓宇

出版发行:化学工业出版社(北京市东城区青年湖南街13号 邮政编码100011)
印　　装:涿州市般润文化传播有限公司
787mm×1092mm 1/16 印张8¼ 字数186千字 2024年11月北京第1版第2次印刷

购书咨询:010-64518888　　　　　　　售后服务:010-64518899
网　　址:http://www.cip.com.cn

凡购买本书,如有缺损质量问题,本社销售中心负责调换。

定　价:59.80元　　　　　　　　　　　　　　　　　　版权所有　违者必究

前言
Preface

"从产品到服务"，21世纪的市场竞争已经从产品竞争、品牌竞争走向了服务竞争。理念的转变使我国正在迅速地从工业社会转入一个新的发展阶段，这个阶段就是西方著名社会学家丹尼尔·贝尔所言的以信息和服务为基础的后工业社会。工业社会转入后工业社会的主要表现之一是经济结构从商品生产经济转向服务型经济，服务设计就是在这一转型时期应运而生的新的设计形式。

近年来，服务设计已经成为设计领域内比较热门的方向，在国内外发展迅速。据不完全统计，国内已有200多所高校开设服务设计相关课程，并且这类课程已成为大部分高校的专业核心课。但到目前为止，有关服务设计教学及实践案例的书较少。我们写这本书的目的是希望梳理服务设计的方法及实践流程，并与服务设计的实践案例联系起来，通过案例来讲解服务设计在实践中的创新和运用。

本书旨在让学习者快速了解服务设计知识，并快速运用服务设计思维和方法去实践。随着我国设计转型升级的需要，越来越多的学习者将从事服务设计相关行业，希望本书能成为服务设计爱好者学习和实践的必备参考书。

本书的完稿要感谢唐敏、卢颖、杨再强、闫静、黄松松、刘秉材、袁海洋等同学的倾情帮助和无私奉献，他们做了大量的配图和资料收集工作。此外，感谢江苏高校"青蓝工程"和化学工业出版社对本书出版工作的大力支持。

虽然本书编撰时间较长，并多次修改，但在文章观点、逻辑关系、细节上难免仍有缺漏或不当之处，欢迎广大读者批评指正。

王祥

2022年2月于南京

目录 CONTENTS

1 服务设计的内涵 / 001

1.1 什么是服务设计 / 002
1.2 服务设计与产品设计 / 004
  1.2.1 产品设计与服务设计的发展现状 / 004
  1.2.2 产品设计与服务设计的概念区分 / 004
  1.2.3 产品设计与服务设计的思维差异 / 005
  1.2.4 小结 / 008

2 服务设计的流程 / 009

2.1 服务设计的一般流程 / 010
2.2 服务设计探索阶段 / 013
2.3 服务设计定义阶段 / 013
  2.3.1 对服务定义的现象学阐释 / 013
  2.3.2 对服务设计定义的补充 / 014
  2.3.3 找到问题定义问题 / 014
2.4 服务设计发现阶段 / 015
  2.4.1 问题可视化表达 / 015
  2.4.2 问题概念化设计 / 015
2.5 服务设计执行阶段 / 017

3 服务设计的方法 / 020

3.1 WHO / 021
  3.1.1 角色扮演法 / 021

  3.1.2 乐高剧方法 / 023
  3.1.3 亲和图法 / 024
  3.1.4 用户旅程图方法 / 026

3.2 WHAT / 028

  3.2.1 情绪板方法 / 028
  3.2.2 服务系统图方法 / 030
  3.2.3 故事板方法 / 031
  3.2.4 服务蓝图方法 / 032
  3.2.5 利益相关者方法 / 033
  3.2.6 接触点方法 / 034

3.3 HOW / 035

  3.3.1 用例图方法 / 035
  3.3.2 商业模式画布方法 / 037

4 服务设计版面及表现要素设计 / 039

4.1 设计调研版面绘制 / 040

4.2 用户旅程图版面绘制 / 041

4.3 需求图、提供图版面绘制 / 044

4.4 服务生态图版面绘制 / 045

4.5 服务蓝图版面绘制 / 046

4.6 利益相关者地图版面绘制 / 048

4.7 系统图版面绘制 / 050

4.8 信息架构/低保真原型版面绘制 / 051

4.9 高保真原型版面绘制 / 053

5 服务设计实践案例 /055

5.1 服务设计在医疗行业里的运用——康复养老院信息服务设计案例 /056

5.2 服务设计在商业里的运用——谭木匠微型体验线服务设计案例 /085

5.3 服务设计在美丽乡村建设里的运用——农村急救医疗服务设计案例 /092

5.4 服务设计在校园里的运用——校园关爱流浪猫服务设计案例 /115

参考文献 /125

1

服务设计的内涵

Service Design

1.1　什么是服务设计

在这个瞬息万变的创新时代，设计以其独有的价值越来越受重视。设计总是一步步地向"人"靠近，从产品设计到交互设计，从体验设计到服务设计，设计由以物为设计对象发展到了以事为设计对象，设计的不断进步与发展使得设计的边界不断拓宽。服务设计的核心在于改变"优先产品，服务辅助"的传统设计理念，先以服务的角度看问题，然后从整体服务的角度系统地看待设计问题。随着信息化的发展，设计的对象也从有形深入到无形中，也就更多地需要服务设计思维。服务设计是一个全新的、整体的、跨领域的综合性领域，它帮助创造新的服务或提高现有的服务，使它们令客户觉得更加有用、好用、满意，并且对组织来说更加有效率。通过对事物的系统和过程进行研究与分析，使用户得到更好的服务体验与价值。通过实践感知，服务设计更注重的不是产品本身单个系统"元素"，更多的是从系统的角度整体把握事物间不同"关系"的设计，这种服务设计与传统产品设计在思维上有着先后之别，使设计出来的服务给人更全面的体验与价值。服务设计更多的是对现有设计领域，如产品设计、交互设计、视觉设计等的整合，在设计中融合管理、技术、营销、系统领域的知识与思维，是在设计上进一步的发展。

"服务设计"（service design）一词最早出现于20世纪90年代，它是伴随着世界经济转型而诞生于当代设计领域的全新概念。在国际设计研究协会主持出版的《设计词典》中，对服务设计作出如下定义："'服务设计'从客户的角度来设置服务的功能和形式。它的目标是确保服务界面是顾客觉得有用的、可用的、想要的；同时服务提供者觉得是有效的、高效的和有识别度的。"

总的来说，服务设计基于严谨的逻辑思考，是以用户需求为基础重新创造价值的过程。但服务设计至今没有相对统一的定义，它与产品设计有着千丝万缕的关系，又和交互设计的表达形式非常相似。服务设计是结合所有参与者共同合作，寻找痛点提升已有服务，重新创造价值，建立情感联系，最后让用户享受有价值有意义的服务旅程。

服务设计就是向用户提供满足用户需求的服务，它可用于改进现有的服务或从头开始创建新服务。为了适应服务设计，用户体验设计师需要了解服务设计的基本原则，并能够在创建服务时应用它们。2010—2019年，"服务设计"走向成熟。2010年，《服务设计思维：基本知识-方法与工具-案例》一书中首次提出了五个服务设计基本原则。

（1）使用者中心

讲用户听得懂的语言，提供用户需要的服务内容。过去，企业"以自我为中心"的现象比较严重，做选择时往往会被业绩、指标、预算等因素所主导，而没有把用户放在第一位。而有的时候，企业的大部分精力被消耗在和竞争对手较量上，而忽视了最应该关注的用户。

以星巴克（Starbucks）为例，他们选择性定位目标客户。"Starbucks"这个名字来源于美国一位声誉度很高的作家麦尔维尔的小说《白鲸》里的人物角色，这个人物是一位极具个性且酷爱喝咖啡的大副。由于阅读小说《白鲸》的人有一定的生活质量和审美品位，所以，星巴克的店内细节注重体现目标客户的需求，从一流咖啡豆选择，到原木皮革的家具、昂贵的制作机器设备、背景音乐的选择、书刊的提供，都是由各类专业设计师精心设计过的。

目标客户需要一种低调自然的热情，但同时又需要一定的自我空间和安全感，所以星巴克门店的设计都是落地玻璃、自然光线和暖色光源，货架都是开放式的，体现一种欢迎和无距离感。

他们的店面设计、商品陈列和饮料制作又是一丝不苟，具有高度一致性。让客户无论在世界哪个角落选择星巴克都可以确定会有相同的口味、相同的感受，而且在星巴克里无论坐多久，都不会有店员来驱赶或打扰。

目标人群会有一定的精神层面的需求，所以，星巴克会非常强调环保理念。例如，自己带杯子可以享受折扣，餐巾纸、杯托等都是使用再生纸，由全回收材料制成饮料杯，也经常举办涂鸦咖啡杯设计、废物利用大赛等。

（2）共同创造

在设计服务的过程中，设计师充当了一个协调者的角色，应把服务提供者、服务接受者等请到一起来共同参与设计。由于顾客类型多种多样，不同顾客的需求与期待也有不同。

同时，提供服务也需要许多不同的伙伴参与，比如一线的服务人员、后勤员工、经理人员、营销人员、设计人员、工程人员等，有时候还包括物品，如自动贩卖机、网站、APP等。所有相关的人或物参与，都会对服务方案造成不同程度的影响。

共同创造强调用户的参与，用户参与的时候就会出现责任。用户获得的服务体验是受用户参与的方式，以及用户和服务提供者之间的互动影响的，可能有惊喜，也可能有悲剧。所以在做产品研发、空间规划、服务流程设计时，多听取各方诉求十分必要。做所有事都是在解决问题，解决问题只有最优解，而没有唯一答案。如何找到最合适的路径，共同创造是一个非常实际的方法。

（3）按顺序执行

服务是一系列过程的衔接，有次序，有时间段。服务次序对用户非常重要。先做什么，再做什么，什么样的心理期待值会直接影响用户的感受。例如先收费，再提供服务，就可能会引起抱怨，用户会有不被信任的感觉。同时服务的节奏也很重要，也会影响用户的情绪。例如排队，等待的时间长了用户肯定会不舒服，但是如果轮到他的时候，速度突然加快，或者有点被催促的感觉，他一定也会很不舒服，有被应付、不公平对待的感觉。所以服务设计要考虑好每个环节的节奏，做精准的节奏控制、用户情绪控制，以用户的舒适度作为出发点，把用户与服务每个互动的环节清晰地连接起来。

因此服务设计的流程需要精心设计，每个接触点都会影响用户的情绪，好的设计在不给用户造成压力的前提下让用户抱有期待。

（4）实体化的物品与证据

这是让无形的服务设计有形化的一种方法，让用户增强对服务的感知，同时将服务延长到服务后阶段，提升用户忠诚度，促使用户将服务推荐给其他朋友。

善用实体证据，可以提高用户的忠诚度，彰显那些容易被忽视的幕后服务工作（如将洗手间的卫生纸折角代表清洁工作已完成）；滥用实体证据则会造成反效果（如频繁发送用户不感兴趣的广告邮件）。服务的实体证据有很多种形式，如账单、信件、电子邮件、产品目录、纪念品等。

（5）整体性

用户的体验是一个完整的流程，所以即使其中一个环节做到了极致，但是因其他方面考虑不周，产生的负面影响也很容易抹杀掉那些极致的成效。例如，产品技术功能性很强，但是外观不好看，或者产品介绍短片中全是技术参数的堆积，这样会使产品无趣，没有特点，可能比不了那些功能性不足的产品。

所以，设计师在设计中要抱有大局观，相较于单独的接触点，设计的环境才是更加应该注重的，有意识地关注用户潜意识里对服务认知的感受，把握用户的情绪和服务的节奏很重要，更重要的是由点及面地进行全局思考。

1.2 服务设计与产品设计

1.2.1 产品设计与服务设计的发展现状

服务设计在体验经济全球化的背景下不断发展，其系统思维和工具方法影响着当代产品设计思路的更新，同时公共设施、智能产品、家居用品等产品领域的创新，引发了国内企业的转型和服务的升级。当前国内制造业进入发展深水区，单一、廉价、重复的产品生产缺乏市场吸引力，迫切需要调整和释放产品设计的创意力量。此外，交互设计在国内智能移动产品中的兴起，促使了有形产品和虚拟技术的相互融合，设计的维度和触角从智慧手机到智慧家居再延伸至智慧城市，使此进程中面临的痛点问题也越来越多，而服务设计的系统性和策略性能助力解决这些现实中的各类问题。虽然服务设计的概念已经在国外推广多年，但服务设计在国内仍处于起步阶段，因为市场中缺乏有效的推广和广泛的认可。国内的清华大学、同济大学、广州美术学院、南京艺术学院等高校开设了专门的服务设计理论与实践课程，搭建产、学、研相结合的平台，致力于传播服务设计理论知识和培养服务设计领域的人才。同时国内的YANG DESIGN、洛可可等设计机构也逐步将服务设计视为重要的发展领域，着眼于社会、产业、企业、人、产品之间的互动关系，强调创造更为积极的社会影响和更有价值的商业利益。

1.2.2 产品设计与服务设计的概念区分

（1）产品设计的概念

产品设计，是指从确定产品任务书起到确定产品结构止的一系列技术工作的准备和管理，主要解决产品与人之间的关系问题，其目标是实现机能和美的统一。产品设计创造了商品的消费世界，以物为基点，为人高品质的生活而服务，简化了烦琐的日常生活，随之也提升了人们追逐物质享受的欲望。产品是相对独立的设计，正是因为这样，公司的生产、市场和销售都被分到不同的部门完成,这有利于公司设计项目的高效运作,但是用户体验往往难以做到即时反馈。

(2)服务设计的概念

服务设计是传统设计领域在后工业时代的新拓展,是设计概念的全方位实现。服务设计的本质属性是人、物、行为、环境、社会之间关系的系统设计。服务设计构思出物以外的服务意识,利益相关者和接触点互动产出服务的体验,以用户体验为中心解决人实际生活中的痛点问题,其中有形产品和无形服务形成系统的有效闭环。但是服务设计一旦进入实施阶段,原本设想的流程就容易遭受实际环境中的各种阻碍,给服务设计的真正开展带来难度。

因此,仅从概念上看,产品设计与服务设计就有着明确的区分。产品设计基于工业大生产的背景下推出的产品,功能大多趋同。而服务设计中的体验和服务属于个性化的定制内容,又往往因不同的接受者而最终产生差强人意的效果。

1.2.3 产品设计与服务设计的思维差异

设计思维是人类特有的一种意向性、创造性思维活动,是为满足特定的需要,在一定的设计思想指导下,将造型力、构想力、整合力融于一体,充分表达设计意图、制订预想方案的构思过程,也是设计观念、思维方法、思维能力的表现和展开方式。产品设计与服务设计在设计思维方面存在着显著的差异(图1-1),这里从设计视角、设计方法、设计输出三个角度具体探讨两者之间的差异。

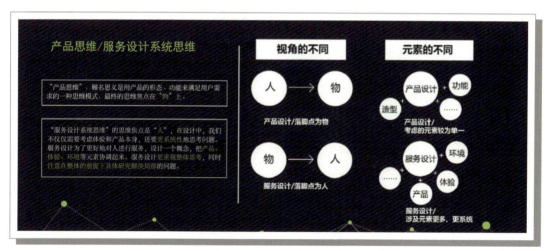

图1-1 产品设计思维与服务设计思维的区别

(1)设计视角

从人的需求点出发,产品设计创造新型产品和改良已有产品,围绕物与人之间的关系开发产品,着重考虑物的功能结构和美感程度,希望通过物的种种优质属性吸引人的关注与使用,进入用户家中发挥着解决问题与美化生活的作用。但用户参与产品设计的程度极低,一小部分用户仅作为调研对象供设计师参考。产品生产商和设计师是主导人们设计生活的总舵手,其不节制地追逐商业利益导致产品的迭代速度加快,以及产品和用户之间的情感关系日益淡薄。产品设计包含着自上而下的设计视角,便于新科技、新材料迅速转为新型产品,在此进程中用户扮演着被动的接受者角色,可享受到廉价易于获得的产品,但参与设计过程却极为有限,甚至养成了高频率地淘汰产品的不良习惯。

  服务设计是关于系统的设计观念,鼓励利益相关者共同参与和协调合作,利益相关者涉及政府、生产商、设计师、用户等服务提供者和接受服务者。例如上海YANG DESIGN设计机构为地震灾区设计的救灾帐篷,运用服务设计的系统观细分了救灾帐篷的利益相关者(图1-2),以图形化的视觉方式便于发现其中存在的痛点问题,以此综合考虑救灾帐篷的系统设计。服务设计从以物为重心调整至以人为重心,从有形产品向无形服务的重心转移,不仅改变了设计产业中各利益主体的传统角色定位,还极大地促进了设计话语权由单极向多维的开放。物质丰富的体验经济时代下人们转而向精神满足的领域探索,人的行为、体验、交互、服务构成了服务设计关注的接触点,用户的参与性在服务设计的语境下得到关注与提升。当然服务设计的利益相关者涉及更多社会阶层,其复杂性也为设计工作带来了更多的任务量,在国内还需进一步依据服务设计的工具和方法进行推广。

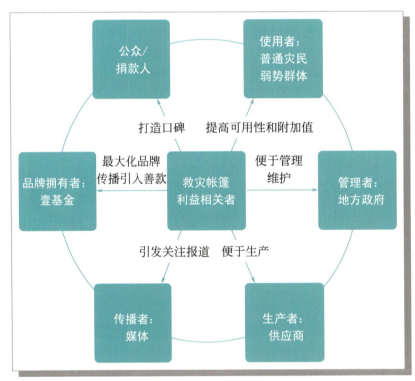

图1-2 救灾帐篷的利益相关者关系图

（2）设计方法

  产品设计方法(图1-3)包含前期设计调研、中期设计深化、后期设计输出,在一个较短的时间周期内充分调动各部门的工作成员高效率地来完成工作。产品设计的设计调研方法包含访谈法、调查法、查资料法等,现实工作中产品设计师常花费较少的时间和

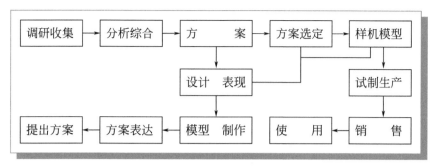

图 1-3　产品设计方法

精力于设计调研上,主要精力投入到中期设计深化的过程中,通过创新造型和功能形成全新的产品方案,并从多个草图方案中筛选最佳方案进行深化,使得整个产品设计行业在前端创新和洞察方面相对薄弱,因而面临着持续创新和保持创造力的发展瓶颈。服务设计方法(图 1-4)要求设计人员进入现场中与用户互动访谈,融入用户的生活情景,结合大数据信息平台收集相关数据。设计师会对收集到的数据进行深入研究,使用计算机软件辅助形成思维导图和服务蓝图,以可视化的图表来梳理设计项目的整体流程,形成体验原型和服务接触点,剔除干扰服务的因素,简化服务的整体流程。服务设计过程中诚邀利益相关者参与到整个设计过程中,设计师以外的人也能够明晰设计的主旨和意义,并提出个体的困惑和意见,达到共同创造的服务设计目的,设计活动因此不纯粹是设计师的臆想,服务也升级为个性化和私人化的体验。服务设计从探索问题到创造原型,再到测试原型,终到设计输出,是一个迭代的流程,其中某一环节产生问题,可根据清晰的流程脉络撤回到上一环节进行重新调整。

如何看	如何想	如何做
人种学研究法	人与系统	概念
访谈	利益相关者关系图	简笔画
免干扰观察	角色档案	创造性矩阵
情境化询问	体验旅行图	概念性传递演进
浸泡式体验	概念关系图	可选择的世界
参与性研究方法	模式与优先级	模型与原型
个体关注测试	关联数据聚类	故事板
关键特征交易	重要性靶心图	架构示意图
自我方案建构	要点/难点矩阵	快速原型
日志	快速投票	具象展示模型

图 1-4　服务设计方法

(3) 设计输出

产品设计的显性成功因素是外观与功能,隐性成功因素则是企业在工程实现、营销和产品管理中的能力。产品设计的输出物一般为有形的产品,产品与产品之间保持着替代的关系，产品与人之间保有着消耗的关系，在此情况下如何实现可持续的生活方式正成为产品设计关注的问题。例如关于废旧物品的处理，需要整合社会、政府、企业、用户、产品之间的关系，调动各方面的积极性，此处产品设计可以吸收服务设计的系统优势，发挥两者互助共生的作用，配合指向可持续的生活方式。服务设计的输出物则一般为有形的产品和无形的服务两部分，根据企业经营模式和企业文化特点而侧重不同。例如租车服务中有效提供了汽车产品和租赁服务，用户通过租赁服务使用汽车，不再需要用户定期淘汰和保养汽车，将这部分工作转移给汽车租赁公司集中保养、维修、升级汽车产品，把服务设计视为一种生态系统，其目的也是强调所有参与者都要在其中相互交换价值。当然在推广汽车租赁服务的过程中，不同人群对汽车外观和内饰设计有着差异化的需求，结合产品设计的造型和功能优势，将提升服务的有用性和特殊性。

1.2.4 小结

工业设计师注重外形和材料，交互设计师注重易懂性和易用性，体验设计师则注重情感在设计中的影响，而服务设计师则更像整合了各类设计优势实现服务创新。无论是产品设计还是服务设计，实际都是人介入环境的创造行为，以上对产品设计与服务设计进行比较分析（表1-1），意义不在于提出彼此之间的差异性，而是希望通过提出两者之间的概念关系和思维关联，探讨产品设计与服务设计之间互补共生的关系，后工业时代好的产品设计不仅与技术和质量有关，还包括产品形成具有号召力的生活方式与服务。国家也为推进文化创意和设计服务等新型、高端服务业发展，促进与实体经济深度融合，出台了相关的政策和意见，融合服务来提升产品附加值在未来中国将具有更为可观的发展前景。

表1-1 产品设计与服务设计之间的比较分析

比较角度	产品设计	服务设计
设计视角	设计师主导	利益相关者共同参与
设计方法	注重创意输出	注重系统完善
设计输出	有形产品	有形产品和无形服务

2

服务设计的流程

Service Design

2.1 服务设计的一般流程

流程是指一系列具有目的性、重复性及程式化的行动,并通过串联的形式使任务合理化、透明化和共识化。服务设计的一般流程可分为分析流程和战略流程两类。分析流程主要从解构的视角进行分析,以时间、程序和触点作为线索对服务系统和流程进行视觉化呈现。它可以帮助人们发现服务中的问题,也可以作为最终的服务设计,例如服务蓝图就是一种辅助系统服务设计的技术流程图。战略流程则注重从更宏观的系统进行思考,以建构的视角对服务问题进行研究,最终完成服务设计。

(1)IDEO的服务设计流程

IDEO作为一个设计咨询公司,不断帮助企业发现和开辟新的市场,创造新的服务体验。IDEO的服务创新流程主要包括以下五个任务。

① 洞察市场的发展情况。创新源于对市场的深刻洞察,这种洞察来自消费者、商业和技术这三个领域。在商业模式、市场愿景和可控的技术产业之间进行组合,并满足消费者的需求,此时创新就产生了。

② 创造突破性的价值主张。突破性的服务是要给人们一种尝试服务的理由,提供与众多服务所不同的体验,使消费者感受到新事物的价值。突破性的服务往往不是跟随市场,而是改变和主导市场。管理人员和一线人员需要共同参与,并在早期把极端的服务原型扩展到组织中来,并对服务的期望性、可行性和可用性进行梳理。

③ 发掘创造性的服务模式。市场的创新通常源自产业、技术和客户需求的根本变化。创新的解决方案对于新的服务模式来说是必要的,并且常常会产生组织内部的根本性变革,但最终还是要满足商业视角和技术层面的可行性要求。

④ 进行交付的适当选择。创新的过程往往是从失败中不断学习,服务设计团队需要确保能接受和尝试一些新概念,对失败的恐惧有碍于进行突破性的服务设计创新。早期突破性的服务概念往往具有模糊性,成功的设计一定会对用户的价值、情感和体验有所关注。当一个新的服务概念逐渐成熟,传统的措施就会活跃起来。

⑤ 重复探索与修正新服务。突破性创新往往伴随着内在风险,而管理风险的最佳方式就是掌控服务。市场处于不停的变化之中,设计师要在可控的时间范围内为大规模服务做好准备。

设计咨询公司IDEO的服务设计流程如图2-1所示。IDEO制定出合理的流程和策略,X轴显示了从"关注客户需求"到"注重业务可行性和技术可行性"的连续性,Y轴显示了从"为灵感寻找现实的存在"到"把现实的存在转变成设想的另一个世界"的连续性,这样设计的目的是避免创新性想法在实施过程中被终结,并确保服务概念产生后能在组织内部被不断论证、修正直到实施。这可能会带来一次组织内部的变革,但它会帮助公司在可预测的方向上取得突破性发展。就流程本身而言,它是一个从概念到现实不断往复的过程。

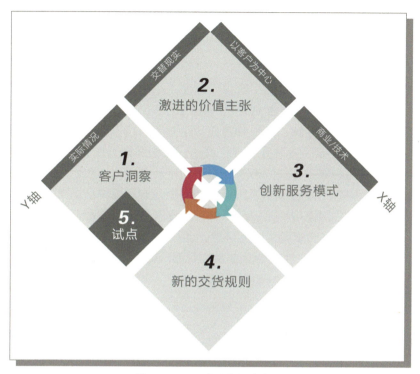

图2-1 IDEO的服务设计流程

（2）Livework的服务设计流程

Livework服务设计公司成立于2001年，是一家专注于消费者的战略设计咨询公司。Livework的服务设计流程分为以下六个步骤。

① 对客户所从事的行业进行充分了解，同时还要关注影响其行为的要素。建构对当下语境的全视角分析，必须充分理解客户商业目标、目标优先顺序、商业组织和组织面临的挑战。

② 针对潜在的机会设想出更清晰的概念和体验，并进一步优化设计方案。这些新概念的建立是来自对用户的洞察和对服务整体体验的把握。在创造性方法的帮助下，为客户创建新服务，开发新的服务方式和体验。

③ 把握服务设计定义的两个方面，包括未来的服务体验和服务功能的传递。让客户和员工参与到服务原型的开发中，并对服务有一个整体的把控，从而使其更好地了解新概念所带来的变化。

④ 扮演设计师的角色，通过设计执行以确保服务的方向和质量。创建实际运行的解决方案，注意是从实施新系统到改变流程和程序。

⑤ 确保组织本身能够采用新服务，与管理团队和前线员工通力合作，最终使客户了解并购买解决方案。

⑥ 随着市场技术和其他因素的改变，在不断变化着的执行过程中，确保客户的体验质量，帮助客户通过体验工具和体验指标来完成这一挑战。乐维亚在《服务设计与创新实践》一书中记录了许多Livework的实践案例，例如针对挪威最大的综合保险公司Gjensidige进行的服务设计。作为专业服务设计公司，Livework要求所有工作人员都要

理解服务所涉及的所有人之间的关系，并保证客户和员工在整个开发过程中的充分参与，这也保证了每一个细节的改变都是可行和可被接受的。

（3）Engine的服务设计流程

英国设计咨询公司Engine提出了服务设计的三个阶段和九个任务。在策略阶段，首先要建立一个由设计师和企业主要成员共同组成的项目组，以保证设计师对企业的商业背景和业务流程有足够的了解。设计师还要和企业的高级管理成员建立共识，确定一个提升用户服务体验的目标，并进行可视化表达。在服务设计阶段，通过确定服务目标，进一步描绘和定义出与服务相关的所有要素，包括服务价值主张、用户旅程图、产品和渠道等。一旦明确用户的体验目标后，设计师和企业专家就需要共同合作，把设计方案转化为实际业务流程，保证每个阶段的价值主张能有效地传递给用户。在执行阶段，需要明确每一个参与服务的要素所生成的结果，通过建立服务原型进一步对服务进行测试，设计师的作用则是在整个过程中确保企业从项目的开始到结束始终保持专注。

（4）服务体验工程的设计流程

服务体验工程是台湾资策会为台湾地区企业制定的一套系统化的服务设计理论，目的是利用信息技术驱动科技含量较高的服务业发展，帮助企业确立合适的发展方向以及服务设计蓝图。服务体验工程的设计流程主要包括三个阶段、六个任务和十八个子任务（图2-2）。具体有：趋势研究阶段，包括对顾客的需求和技术应用两方面进行趋势研究；服务价值链研究阶段，包括服务价值网络、开放创新平台等产业价值链研究，以及服务体验洞察、服务设计等服务塑模；服务实验阶段，包括技术架构设计、技术效能分析等概念验证，服务模式设计、服务品质分析等服务验证，以及商业模式设计、策略伙伴建构等概念验证。这是一个线性流程。

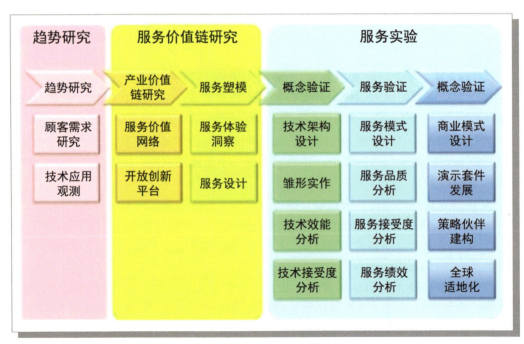

图2-2　服务体验工程的设计流程

2.2 服务设计探索阶段

虽然服务设计的目的是将客户放在过程的中心，但过程很少从客户开始。服务设计师的首要任务是了解提供服务的公司的文化和目标。

服务设计过程通常涉及共同创造，因此必须就服务设计师在创造过程中的自主权问题达成一致。此外，流程从确定服务设计师应该处理的问题开始。这个问题通常是组织性的，或者最初是从组织的角度来看的。理解公司对某一问题的观点很重要，事实上，可以说服务设计师的大部分职责是从客户的角度阐明组织问题。

2.3 服务设计定义阶段

在解决问题之前首先要定义问题，深入地了解既有客户与潜在客户对目前服务设计的看法，充分了解当前问题产生的背景和原因。

2.3.1 对服务定义的现象学阐释

桑普森对"服务是什么"进行了细致探究，他说："在商业与经济用语中，几乎没有术语比'服务'更令人费解""我有时觉得定义'服务'就像描述'爱'一样——它很难描述，但当我们看到它时，我们都认为我们知道它。"

桑普森极力坚持服务在运作管理上的独特性。他把那些阻碍服务设计研究的笼统观点如"一切都是服务"或者"制造和服务都是业务"悬置起来，以便准确细致地观察服务现象。他也悬置了把服务定义为一系列行业如银行、接待、咨询、医疗、垃圾收集等的观点，认为这种"枚举定义法"并不能解决问题，因为"这样的定义方式缺乏其内涵的直观性"。桑普森想探究服务概念内涵的"直观性"，这就走向了现象学方法的运用之路。他继续悬置了把服务看作过程而产品是资源的观点，指出"所有业务既包含资源，也包含作用于资源的过程"。

既然服务业和制造业都包含资源和过程，那就需要看看服务业的资源和过程与制造业有何不同。桑普森正是这样做的。在悬置了那些观点后，他考察了服务本身的情形（就是现象学的"回到事情本身"），发现"手术过程作用于顾客的身体，这是服务；汽车维修过程作用于顾客的汽车，这是服务；课堂过程作用于顾客的头脑，这是服务；税务记账过程作用于顾客的财务记录，这是服务；商务咨询过程作用于顾客的商务问题，这也是服务。"在这几个现象中，他悬置了具体服务内容（可以靠想象力的自由变更，这些具体内容还可以更多），于是看出了各种服务的共同结构——"某某过程作用于顾客的某某"（这就是现象学的本质直观）。桑普森直观到服务的独特之处：服务过程作用于顾客所拥有的资源！那么，服务过程作用于顾客所拥有的哪些资源呢？桑普森进一步悬置了顾客的身体、顾客的汽车、顾客的头脑、顾客的财务记录、顾客的商务问题这些具体对象，从而直观到顾客的三类资源——顾客本身、顾客的财物、顾客的信息。这样，他就直观到了服务概念的内涵（即服务的定义），他说："服务是提供商与/对顾客本身、顾客的财物或信息进行作用的业务过程。"

桑普森的服务定义提供了一个区分服务业务和制造业务的标准。虽然产品和服务都是为满足顾客需求而存在的，但凡是制造商或提供商不需要顾客提供资源就能独立完成的业务，都不属于服务。只有使用由顾客提供资源来完成的业务，才是服务。比如智能手机界面，其制造过程不需要顾客提供资源，仍属产品制造。有人因为"产品和界面作为服务的载体，其设计的好坏直接影响了服务设计的质量"，就认为智能手机界面属于服务设计，其实是混淆了产品和服务。在获得服务的定义后，服务设计的定义也随之明确：服务设计就是针对提供商与/对顾客本身、顾客的财物或信息进行作用的业务过程的设计。桑普森认为，既然服务离不开顾客提供的资源，那么服务过程就是和顾客进行交互的过程。简言之，服务过程是交互过程。非交互过程则为非服务过程。因此，服务设计也可表述为：针对服务提供商与顾客之间的交互过程的设计。顺便说一下，目前服务设计领域有个词叫共同创造（co-creation），有人把它误解为把顾客叫来一起参与设计。其实，共同创造是在描述服务的特征，即服务提供商和顾客共同创造价值，没有顾客提供的资源，服务就无法进行。

桑普森对服务本质的洞察，为他建立服务设计理论提供了坚实的基础，也为服务领域的深入研究开辟了一条极有价值的路径。

2.3.2 对服务设计定义的补充

我们使用"服务"这个词，就是要表达"以他人利益为目的"的含义。服务提供者视自身为手段，把他人的利益当作至高目的来尊崇和维护。这就是"顾客至上""顾客就是上帝"信条的来由。诚然，行业平等，人人平等，不应有谁至上、有谁是上帝。的确如此，但恰恰是在平等的主体之间，服务提供者将服务接受者奉为尊者，而自身主动居于谦卑之位，全心全意为对方着想，这才显现出服务的价值。

现在，把桑普森的服务定义和补充进行合并可知：服务是提供商把顾客的利益作为工作目的，与/对顾客本身、顾客的财物或信息进行作用的业务过程。由此出发，"服务设计"的定义可以是：服务设计是针对提供商与/对顾客本身、顾客的财物或信息产生作用的业务过程进行设计，旨在使顾客的利益作为提供商的工作目的得以实现。

2.3.3 找到问题定义问题

从某项服务当前和潜在客户的角度清楚地了解情况对于成功的服务设计至关重要。同样，重要的是保持大局，尽可能查明顾客行为背后的真正动机。为此，除了简单地收集经验数据外，还必须寻找见解。服务设计使用不同学科的大量方法和工具来探索和理解所有相关人员的行为和心态。因此，社会科学中使用的人种学方法就被作为服务设计中极其常用的研究方法之一。

在调研的过程中要充分挖掘问题产生的原因（图2-3）。举个例子，如果认为中国人早餐很少吃麦片的原因仅仅是麦片不好吃，那么解决方案可能是大力提高麦片的味道和口感。但实际上还有中国人的饮食习惯、对麦片营养价值的不了解以及购买不便等原因。在这种情况下仅仅着力提高口感是收效甚微的。所以在解决问题之前，要明确有哪些问题是需要解决的。

图2-3　找到问题定义问题

2.4　服务设计发现阶段

2.4.1　问题可视化表达

将所有发现可视化，并尽可能地对先前无形服务的基本结构进行可视化表达。这有助于简化复杂和无形的流程，并在设计团队和服务涉众中产生一种感觉，即有可能改变服务提议中看似功能不恰当的方面。许多不同学科的方法和工具可以用来帮助做到这一点。照片、便签条、图标等一些可视化方式，可以将前一阶段的一些发现表达出来，有助于小组内部进行归纳整理和交流。

2.4.2　问题概念化设计

这其中包括了具体的消费者，如服务员工、服务提供商的管理层、研发师、工程师以及其他的利益相关者（图2-4），他们都应该尽量积极地参与到服务设计创造的整个过程中，这样才能让服务设计在初始的概念产生阶段就能够足够全面地考虑到各方的关切点，以辅助产品的决策和设计。

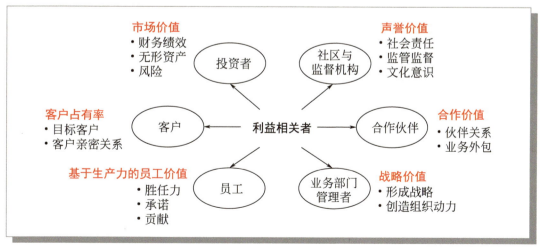

图2-4　利益相关者

可以用很多服务设计工具，比如用户旅程图（customer journey map）、蓝图（blueprint）、体验故事板（experience storyboard）（图2-5）等，这些服务设计工具的使用便于在小组之间归纳和交流。需要注意的是，服务设计不仅仅要以用户为中心，还要让利益相关者也加入设计的过程，比如管理者、营销者、工程师、前线员工等，甚至是非人类的因素，即协同设计（co-design）。在麦片早餐车的设计课题中，利益相关者不仅仅有顾客，还有公司、售货员、店铺等。在设计的每个过程中让不同类型的利益相关者尽可能地参与，有助于得到全局性的、可持续的解决方案。我们在设计麦片早餐车的菜单时，就采用了协同设计这一方法，让目标顾客参与设计菜单的过程。

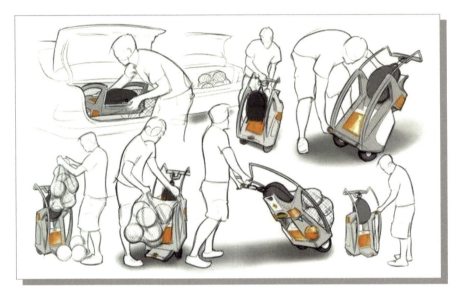

图 2-5　体验故事板

服务设计不是为了避免错误，而是为了尽可能多地发现错误，尽可能早地发现问题并从中学习。所以在正式实施方案之前，要对服务概念进行测试。

将创意和服务概念制作成实体或者虚拟的模型（mock-up）（图2-6），然后找到少数的

图 2-6　产品模型制作

用户或者专业人士进行测试并得到反馈，根据反馈改进方案和模型，同时重复测试直到服务概念达到用户的期望值。不停地测试、反馈、分析、改进，这是一个循环上升的过程。

我们可以用讲故事和视觉化的方法，比如视频、故事板、照片等，来帮助用户理解服务概念。但这样还是不够真实，为了得到更有价值的反馈，制作接近现实的模型是更有效的方法（图2-7），还可以辅助使用角色扮演的方法，这对引起用户情感上的参与是很有帮助的。

图2-7　产品模型使用

比如我们带着早餐车模型，一边向用户演示一边讲解故事板来说明整个系统的流程。但是即使用户在测试过程中进行了大量的想象，仍不能设身处地体会到我们的服务概念。如果我们做一个真实大小的早餐车，并扮演售货员，准备好真实的早餐，在服务概念中设想的校园里售卖，想必就能得到更加有意义的反馈。

但是要注意一点，设置的模拟场景并不是越真实越精致就越好。为什么呢？试想，如果我们将一个设计制作精良的早餐车用来测试，将会限制用户和设计师的创造力和想象力。如果早餐车只有车的基本模样而缺少细节，那么参与者反而会有更加开阔的思路和创意。

2.5　服务设计执行阶段

执行阶段是将想法转化为行动的规程。我们把设计出来的服务方案实际应用于服务设计过程中，让不同的受众参与进来，确保方案能让不同的角色信服并且喜欢，服务概念成功实施以后，也要不断地对其进行评估、检查、迭代、适时改正。

服务提供者——公司是很重要的角色。再次强调，从服务设计一开始就让公司参与，是很有必要的。公司需要充分理解服务概念并支持它。和公司沟通服务概念的常用方法是制作服务蓝图（图2-8）。服务蓝图是一种信息图表，能体现整个系统中所有利益相关者的每一个活动，以及它们之间的相互联系。

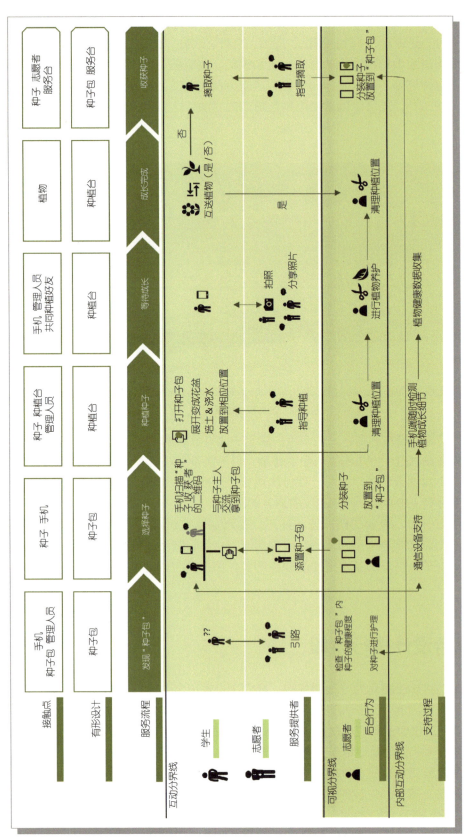

图2-8 服务蓝图范例

新服务理念的实施需要一个变革的过程。管理变革本身就是一门艺术。这门艺术的关键是需要考虑变更管理的一些基本原则。在这种情况下，规划变更、实施变更和审查变更的基本顺序是一个粗略而简单的指南，但它得到了许多变更管理基本理论的支持。

变更应是基于前几个阶段制定和测试一致的服务概念。清楚地传达这一服务概念是必不可少的，并且需要包括服务的情感方面——期望的客户体验。从这时起，除了顾客，员工也是这个过程中的重要角色。他们的动机和参与对于可持续的服务实施至关重要。从服务设计过程的开始就让员工参与进来很重要。在早期阶段不尊重员工，最后的结果可能代价高昂。所以员工必须理解并支持服务设计的概念。与他们的沟通可以通过各种工具进行，如从员工指南到连环画故事板、照片序列和视频。理想情况下，员工应为某些服务时刻的原型制作作出贡献，因此应该对服务设计的概念有清晰的认识。在组织层面上，保持对改进过程和可交付成果的概述是很重要的。服务蓝图是说明这些过程和证据的标准方法。

实施变更依赖于这样一个事实，即管理层确信服务概念，并且在实施变更时不会因由此产生的任何问题而退缩。在实施过程中需要员工的陪同，需要快速、创造性地解决问题。难免有一些未经考虑的方面会造成摩擦，但在早期阶段投入的资源越多，平稳过渡的可能性就越大。

回顾变化是指对其成功的把握。理想情况下，变更实施之后将进行另一次探索，以评估其进度，适时改正或者改进问题，这也是迭代的过程。

3

服务设计的方法

Service Design

服务设计作为一种提高用户体验和服务质量的设计活动，其中必然包括较大的应用范围。对于不同的设计要求，必然也要使用不同的设计方法。服务设计的主要方法有：服务蓝图方法、用户旅程图方法、亲和图法、角色扮演法、利益相关者方法、故事板方法、情绪板方法等。

服务设计既可以是有形的，也可以是无形的。将人与其他诸如沟通、环境、行为、物料等因素相互融合，服务设计的方法需要解决为谁而做、做什么和怎么做的问题。因此我们从服务设计为谁而做、服务设计做什么和服务设计怎么做三个视角对服务设计的方法进行归类介绍。服务设计为谁而做（WHO）视角——介绍角色扮演法、乐高剧方法、亲和图法、用户旅程图方法；服务设计做什么（WHAT）视角——介绍情绪板方法、服务系统图方法、故事板方法、服务蓝图方法、利益相关者方法、接触点方法；服务设计怎么做（HOW）视角——介绍用例图方法、商业模式画布方法。

3.1 WHO

3.1.1 角色扮演法

角色扮演是一种情景模拟活动。所谓情景模拟，是指通过创造一系列与被试者岗位实际情况相类似的测试情境，将其安排在模拟现实的工作环境中，要求被试者处理可能出现的各种问题，用多种方法来评价被试者的心理素质和潜在能力的一系列方法。解决情景模拟假设的方法有多种，角色扮演法广泛应用于情景模拟活动中，其评价主要集中在被试者的行为表现和实际操作上，也包括两人之间的互动。

角色扮演理论是以米德的角色理论和班杜拉的社会学习理论为基础发展起来的。

（1）米德的角色理论

米德通过对自我的研究发现，自我是通过学习、扮演其他人的角色发展起来的，是他人对自己看法的总和，是各种角色的总和，代表对占有一定社会地位的人所期望的行为。角色扮演是在与他人交往和实际社会生活中，一个人所表现出来的一系列特定行为。在不同场合，人们所扮演的角色是不同的，这就要求人们根据社会环境的变化适当地调整自己所扮演的角色。每个人所扮演的角色是在人际互动中实现的。这就是米德最初的角色扮演理论。

（2）班杜拉的社会学习理论

美国心理学家班杜拉的社会学习理论也是角色扮演用于塑造人的行为的理论基础。社会学习理论认为人的社会行为是通过"观察学习"获得的。在观察学习中，具有决定性作用的是环境，如社会文化关系、榜样等客观条件，只要控制这些条件，就可促使儿童的社会行为向社会预期的方向发展。他用实践证明，在观察学习中，人们不需要什么奖励或强化，甚至也不需要参加社会实践，只要通过对榜样的观察，就可学到新的行为。这是一种"无偿式学习"，是通过形成一定的行为表象来指导自己的操作和行动，最著名的是"侵犯实验"。

（3）角色扮演法的优点

① 参与性活动，可以广泛收集样本。角色扮演法可以充分调动受试者参与的积极性。为了获得较高的评价，受试者一定会充分表现自我，施展自己的才华。受试者都知道怎样扮演指定的角色，因为这是明确有目的的活动。在扮演培训过程中，受试者会抱有浓厚的兴趣，体验带有娱乐性功能的活动。

② 具有高度的灵活性，使受试者可以自由发挥，方便采集数据。从测评的角度看，角色扮演的形式和内容是丰富多样的，为了达到测评的目的，主试者可以根据需要设计测试主题、场景。在主试者的要求下，受试者的表现也是灵活的，主试者不会把受试者限制在有限的空间里，否则不利于受试者真正水平的发挥。从培训的角度看，实施者可以根据培训需要改变受训者的角色，与此同时，培训内容也可以作出适用于角色的调整。在培训时间上没有任何特定的限制，视要求的具体情况而决定长短。有关人际关系的培训，从培训设计上就已经消除了由于人际交互作用所产生的不利影响。

③ 按自己的意愿完成，方便统计数据，比较数据的差异。角色扮演是在模拟状态下进行的，因此受试者在作出决策行为时可以尽可能地按照自己的意愿去完成，也不必考虑在实际工作中决策座谈会带来工作绩效的下降或失败等问题，它是一种可反馈的反复行为。受试者只要充分地扮演好角色就行，没必要来担心自己的行为，因为这只是角色扮演行为，其产生的影响可以控制在一定的范围内，不会造成不良影响，也没必要在意他人的看法。

（4）角色扮演法的不足

① 如果没有精湛的设计能力，在设计流程上可能会出现简单化、表面化和虚假人工化等现象。这无疑会对实验结果产生直接的影响，在设计测评受试者角色扮演场景时，由于设计不合理，设计的场景与测评的内容不符，就会使受试者摸不着头脑，更谈不上测出测试者需要的数据。

② 一种情况是有时被观察者由于自身的特点不乐意接受角色扮演的培训形式，而又没有明确拒绝，其结果是在培训中不能够充分地表现出他们自己。而另一种情况是被观察者的参与意识不强，角色联想漫不经心。这些都会影响收集的数据。在收集数据的过程中，由于被观察者参与意识不强，没有完全进入角色，就不能测出被观察者的真实情况。

③ 某些人在接受角色测试时，表现出刻板的模仿行为和模式化行为，而不是反映他们自身的特征。这样，他们的角色扮演就如同演戏一样，偏离了角色扮演法的基本内涵。在测评受试者角色扮演中，如果受试者也表现得刻板或行为模式化，测试就会失去其意义。

④ 角色扮演时，大多数情况有第三者，这些人或是同时接受培训的人，或是评价者，或是参观者，自然交互影响会产生于受试者和参观者之间，这里的影响是很微妙的，但绝不容忽视。

⑤ 有些角色扮演活动是以团队合作为宗旨的，在这种情况下可能会出现过度地突出个人的情况，这也是角色扮演中很难避免的，因为一旦某个人表现太富于个性化，这就会影响团队整体合作性。

(5) 角色扮演法的要求

为了弥补角色扮演的不足,还必须对受试者提出一些具体的角色扮演要求,即如下几点:

① 接受作为角色的事实。
② 只是扮演角色。
③ 在角色扮演过程中,注意态度的适宜性改变。
④ 处于一种充分参与的情绪状态。
⑤ 如果有需要,注意收集角色扮演中的原始资料,但不要偏离案例的主题。
⑥ 在角色扮演中,不要向其他人进行角色咨询。
⑦ 不要有过度的表现行为,那样可能会偏离扮演的目标。

综上所述,角色扮演法既有优点,又有不足之处,是一种难度很高的培训和测评方法。要想达到理想的培训和测评效果就必须进行严格的情景模拟设计,同时,保证角色扮演全过程的有效控制,以解决随时可能产生的问题。

3.1.2 乐高剧方法

乐高剧方法(图3-1)适宜用来探索表现在某空间内一连串互动的服务。乐高剧的搭建和演示都很简单。它们适合桌面大小尺寸,使用简单的材料比如纸板或者手指大小尺寸的玩具。尽管它们看起来比较粗糙,但是我们可以使用它们为用户、供应方以及任何利益相关方带来生活中的复杂互动。

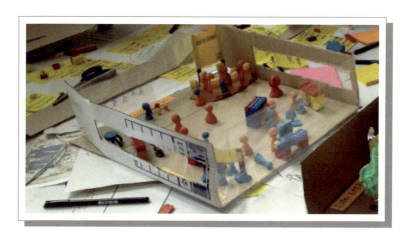

图3-1 乐高剧方法

乐高剧方法最适合用于面对面的服务概念。它在我们设计服务场景或者试图弄清服务场景如何提供服务体验以及交付物时特别好用。在这种情况下,我们可以搭建一个形象的服务场景,它可以使服务以及空间作为一个整体来被观察以及被理解:在哪个空间会发生哪个动作。此外,我们还可以简单地呈现整个场景。

我们可以在工作坊里使用这个方法,让用户和服务供应方搭建并且演示他们的原型,或者是我们来搭建原型展现自己的服务概念,然后让用户或服务供应方演示他们的角色。

演示的目的在于求证我们关于服务概念的假设以及更好地发展它。在这个过程中，我们要勇于随时去改变原型的任何一部分，如角色、环境、脚本等。

有效性条件：细分用户群体以及真实的服务供应方参与；类似实际情况的呈现以及背景环境的呈现；保真度比较低。

制作要点：

① 从该服务概念的任何一个有步骤的版本开始呈现，比如用户旅程图或者故事板，这样可以保证不在细节上耗费太多精力。

② 定义主要的角色。环境（比如房间、街道、交通工具），以及可见的触点（比如印刷品、产品、展品）这些服务中包含的事物。

③ 按比例缩小搭建场景，然后搭建其他的物理触点，这些触点可以按比例缩小，也可以比应有比例大一点，这样便于抓取以及使用。

④ 为每一种角色制作一个"小雕像"，至少有一个供应者和一个用户，或者更多的其他利益相关方。

⑤ 使用这些人物和道具来演示服务，演得越真实就会学得越多，勇于在演示时调整任何道具规则或者动作。

3.1.3 亲和图法

亲和图法又称A型图解法、KJ法，是新的QC七大手法之一。亲和图法是将未知的问题、未曾接触过的领域的问题的相关事实、意见或设想之类的语言文字资料收集起来，并利用其内在的相互关系做成归类合并图，以便从复杂的现象中整理出思路，抓住实质，找出解决问题途径的一种方法。

亲和图法（图3-2）所用的工具是A型图解。而A型图解就是把收集到的关于某一特

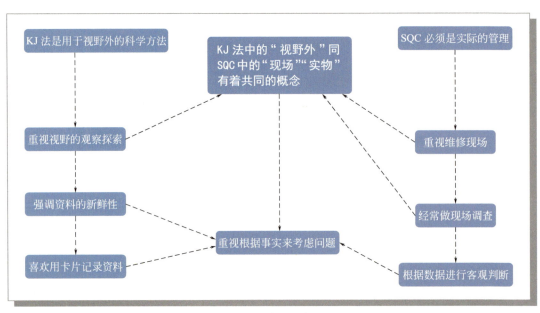

图3-2 亲和图法

定主题的大量事实、意见或设想之类的语言文字资料，根据它们相互间的关系进行分类综合的一种方法。把人们的不同意见、想法和经验，不加取舍与选择地统统收集起来，并利用这些资料间的相互关系予以归类整理，有利于打破现状，进行创造性思维，从而采取协同行动，求得问题的解决方法。特别适用于问题复杂、起初情况混淆不清、牵涉部门众多、检讨起来各说各话的情况。这种方法可以认识新事物（新问题、新办法）；整理归纳思想；从现实出发，采取措施，打破现状；提出新理论，进行根本改造，"脱胎换骨"；促进协调，统一思想；贯彻上级方针，使上级的方针变成下属的主动行为。

亲和图法的创始人是东京工业大学教授、人类学家川喜田二郎，KJ是他的英文名Kawakita Jiro的缩写。

川喜田二郎在多年的野外考察中总结出一套科学发现的方法，即把乍看上去根本不想收集的大量事实如实地捕捉下来，通过对这些事实进行有机的组合和归纳，发现问题的全貌，建立假说或创立新学说。后来他把这套方法与头脑风暴法相结合，发展成包括提出设想和整理设想两种功能的方法。

亲和图法的步骤大致分为六点：

① 确定对象（或用途）。KJ法适用于那种非解决不可，且又允许用一定时间去解决的问题。对于要求迅速解决、"急于求成"的问题，不宜用KJ法。

② 收集语言、文字资料。收集时，要尊重事实，找出原始思想（"活思想""思想火花"）。收集这种资料的方法有三种：a.直接观察法，即到现场去看、听、摸，吸取感性认识，从中得到某种启发，立即记下来。b.面谈阅览法，即通过与有关人谈话、开会、访问、查阅文献、集体头脑风暴法来收集资料。c.个人思考法（个人头脑风暴法），即通过个人自我回忆，总结经验来获得资料。

通常，应根据不同的使用目的对以上收集资料的方法进行适当选择。

③ 把所有收集到的资料，包括"思想火花"，都写成卡片。

④ 整理卡片。对于这些杂乱无章的卡片，不是按照已有的理论和分类方法来整理，而是把自己认为相似的归并在一起，逐步整理出新的思路。

⑤ 把同类的卡片集中起来，并写出分类卡片。

⑥ 根据不同的目的，选用上述资料片段，整理出思路，写出文章。

亲和图法的注意要点：

① 组织团队　将问题可能涉及的相关部门人员组织起来，少则三五人，多则数十人。意见特别尖锐的人不能被摒除在外，对于平时不爱讲话的人，只要工作相关便需邀请参加。

② 建立共识　运用团队技巧，让团体成员减小压力，建立整体共存共荣的一体感，避开针对个人与部门的攻击，调整防卫性的心理状态。研讨会不要在公司里举办，封闭式效果更好，座位的安排不要依照组织位阶，围成圆圈或马蹄形较佳。

③ 定义挑战　清楚提出挑战，并指出期望的结果。例如，公司已经投入3亿元开发高新科技项目，至今尚无成果，我们的目标是找出问题的关键，并决定是否继续投入资金，如果要继续投资，未来该如何控制本项目，并如何确保成果。

④ 展开脑力激荡　人数如果在12人以下，可以集体操作；如果在12人以上，最好分

成几个小组，每组4～8人，将同部门的人分散在不同的小组，以便能互相交流。此阶段主要将所有问题现象详细列出来，并将问题写在N次贴的贴纸上，每张贴纸上只写一个问题，时间为30～90分钟。如果问题太多，可以延长时间，但中间需要休息。

⑤ 汇集问题　脑力激荡结束，集合各小组成员，由各小组轮流上台发表脑力激荡结果，并将N次贴一一贴在事先准备好的大海报纸上，如果有相同点，便将该问题贴在一起，当全部发表完结果后，所有可能的问题已经全部呈现在大家眼前。一般问题会有数十个，特别复杂的情况可能多达几百个。

⑥ 分类整理　此时由主持人引导大家将问题分成几个大类，分类完成后，经过一遍检查，便形成几大类的问题了。

⑦ 排出顺序　将每一大类的问题，根据其重要性程度排出顺序，如果问题甚多，可以分成A、B、C三组，A组是最重要的，B组是一般重要的，C组是次要的。

⑧ 责任划分　将各类问题牵涉的部门，以矩阵图的方式列出，并标示出主要负责部门与参与解决部门。

⑨ 构思方案　由主要负责部门带头，举办小型研讨会，并提出建议方案，经由决策小组同意后，形成决策，同时交付执行。

⑩ 效果确认与跟进　根据执行计划，定期与不定期地检讨成果与进度，并做适当的调整与修正，直到问题解决完毕。

⑪ 标准化　如果此问题将来还会遇到，必须将此次的经验变成标准化的流程，并将相关的资料形成书面化材料，以利于未来参考，这不仅能节省时间与成本，还能提升组织的学习能力，这也是未来组织的核心能力——知识管理的能力。如果公司有内联网，应该将此信息公布于网上，以便将此经验转化为全公司人的能力。

3.1.4　用户旅程图方法

用户旅程图就是从用户角度出发，以叙述故事的方式描述用户使用产品或接受服务的体验情况，以可视化图形的方式展示，从中发现用户在整个使用过程中的痛点和满意点，最后提炼出产品或服务中的优化点、设计的机会点。同时让产品（服务）团队了解用户使用过程中的看、想、听、做，让他们能够从用户角度去考虑产品、设计产品。这个过程的产出物即为用户旅程图。

因为用户旅程图的特殊性，所以我们在制作旅程图时需要将其分为功能定义前和功能定义后（图3-3）。功能定义前：准备规划做的功能、用户研究阶段时的功能；功能定义后：已经上线的功能、需要优化的功能。

（1）创建用户角色模型（用户画像）

既然旅程图是梳理用户使用产品上的体验问题，那么设计过程中需要以用户的真实情况为基准，这样才会使旅程图更真实。这里可以通过前期的用户研究，比如访谈记录、行为研究、调查问卷、意见反馈等方法，获得大量真实有效的用户数据。然后对产品的主要目标用户进行分类，并为每个用户创建角色模型（包含基本信息、诉求、期望、痛点），每个角色将对应不同的用户旅程图（图3-4）。

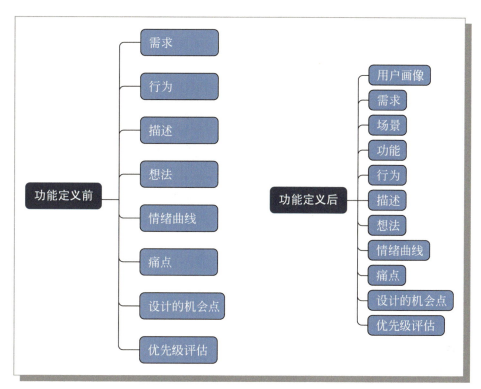

图3-3 功能定义前和功能定义后

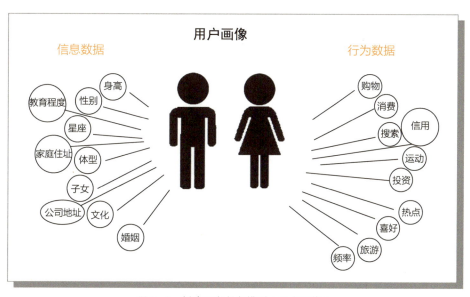

图3-4 创建用户角色模型（用户画像）

（2）开始制作旅程图

在制作旅程图过程中，需要将设计对象在所需设计的时间区间内所需要做的事进行细化列举，可以将主要和大范围的事情称为一级行为，而后续在这件事情中所需要发生的行为称为二级行为，以此类推，在这些可能发生的行为中寻找用户需求和生活痛点，并针对痛点寻找可行的解决方案，最后进行整理分析。以早上起床到上班为例，开始制作旅程图（图3-5）。

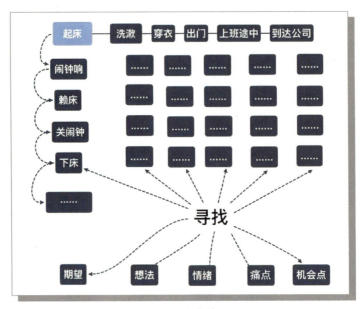

图3-5 开始制作旅程图

（3）总结并通过可视化模板记录

对情绪的最高触点，思考还有没有优化的空间，能否将它继续优化并做到极致；对情绪的最低触点，思考是否能将其他触点较高的地方，分担一部分功能（次要功能）到最低触点上，来均衡体验情感；可以对比竞品，看看别人是怎么解决问题的，寻找适合自己产品现阶段的解决办法。

3.2 WHAT

3.2.1 情绪板方法

情绪板方法是一种启发式和探索性的方法，可以对如下问题进行研究：图像风格、色彩、文字排版、图案、整体外观以及感觉。视觉设计和人的情绪紧密相连，不同的设计总是会引发不同的情感。此外，情绪板也可以作为可视化的沟通工具，快速地向他人传达设计师想要表达的整体"感觉"。

创建情绪板（图3-6）的流程如下。

首先，需要明确体验关键词，在一个设计项目中，通过进行涉众访谈和用户研究（图3-7），设计人员创建了产品的人物角色，基于人物角色，综合用户研究结果以及品牌/营销，可以得出体验关键词（experience keywords）。当人物角色和体验关键词都确定后，可以通过使用情绪板来探索网站或产品的视觉风格，并作为和测试人员进行早期沟通的基础。

图3-6　情绪板

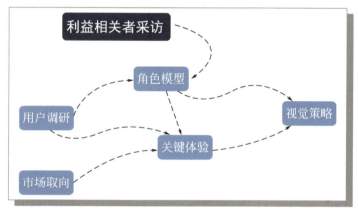

图3-7　用户研究

体验关键词（图3-8）举例如下。

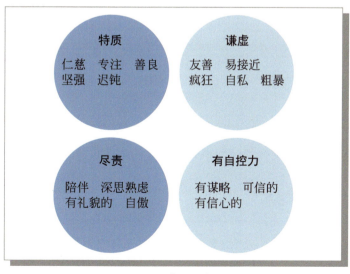

图3-8　体验关键词

其次，应基于时间限制、个人工作习惯以及用户的需求对情绪板的呈现方式进行选择。一般来说，可以从拼贴画、精致化的模板两个维度来区分情绪板的呈现方式。

（1）拼贴画

这是一种最简单地创建情绪板的方式。使用这一方式，无须考虑诸如字体和特定颜色之类的细节问题。找到那些可以激发灵感的素材，其中可能包含那些传达相似风格和情绪的网站的截图。这种方式快速、有趣，但是，具有一定的含混性。

（2）精致化的模板

模板可用来展示不同的元素。如在这种形式的情绪板中，界定了配色、字体处理（如主标题和副标题）、按钮风格甚至是图片风格。标准模板可以让人们聚焦于特征化元素。一般来说，情绪板可以以实体的方式呈现，也可以以数码的方式呈现，考虑到成本、时间等因素，我们多选用数码的方式，因为这种方式为设计师提供了更灵活、更多样的选择。

最后，是选择素材创建情绪板，这是一个迭代的过程（图3-9）。

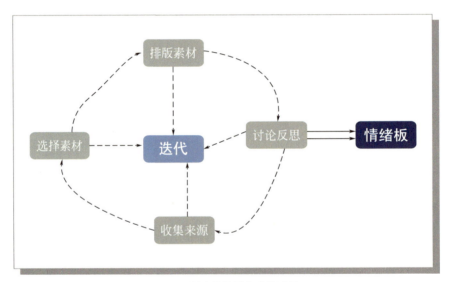

图3-9　创建情绪板的迭代过程

3.2.2　服务系统图方法

服务系统图表达的是服务模式之中各个利益相关者所处的地位与相互间的配合。一般通过"图标+引导线"的形式表达出信息流动、物质流动和资金流动三条流线，即从信息、物质和金钱的角度描述系统如何运行。

在制作的时候，又会把各个利益相关者划分为主要利益相关者和次要利益相关者两个层级，并分别表达，或者可以通过单独的利益相关者地图来表现。

服务系统图的模式基本是固定的，所以它的版式也比较固定，即一页内容呈现完整的图表即可（图3-10）。

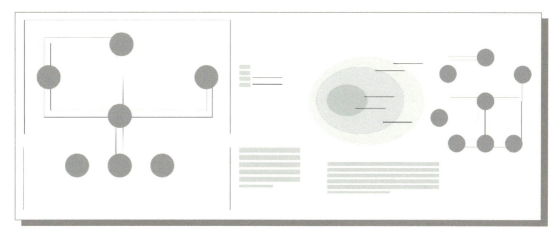

图 3-10　服务系统图方法

3.2.3　故事板方法

故事板非常适宜从用户角度来解释服务概念，尤其适合用于传达用户如何使用该服务以及服务的价值是什么。通过故事我们可以链接用户的问题以及现状，从服务的角度呈现他们将会经历的主要步骤以及他们将会从服务中获取的利益。通过故事的形式来解释一切，还可以提高观看者的移情能力。使用视觉化的语言也可以使故事更加生动形象。

故事板也可以用于解释一项服务如何通过不同触点来传递价值。

我们可以在工作坊中使用故事板，让用户以及服务提供方画出他们自己的故事。或者我们也可以通过故事板表现服务概念并以此来进行用户访谈，或者在整个项目早期将故事板呈现给决策者用于沟通服务概念。

故事板的制作主要分为以下四步：

① 回顾服务概念。

② 回答这些关于服务的基本问题：谁、什么、时间、地点、为什么以及怎样进行。这样做可以帮助我们更好地发展现有服务概念以及使我们专注于故事。

③ 通过经典的三段式结构来组织整个叙事过程：设置（问题），发展（使用服务），解答（获利）。

④ 将上述的动作划分为 6～10 个场景，大致画出来或者通过图片来呈现，最后加上描述以及对话。

制作故事板时需要注意：先创作整个叙事过程的中心部分，然后完善在此之前与之后的部分；用户对于粗糙故事板的反应会更加真实，如果要使用故事板来测试服务概念，不要太钻研于画画本身；当要求用户或者服务供应方来画他们自己的故事时，他们很容易对自己的画不自信，这个时候可以提供一些画画的小建议以及让他们意识到线条画对于表现他们的想法是够用的；我们可以使用桌面预排或者戏剧原型的图片作为故事板的基础（这里的桌面预排和戏剧原型是后文会介绍到的其他工具）。

3.2.4 服务蓝图方法

服务蓝图（图3-11）是详细描画服务系统与服务流程的图片或地图。服务过程中涉及的不同人员可以理解并客观地使用它，而不论他们的角色或个人观点如何。服务蓝图由四个主要的行为部分和三条分界线构成。四个主要的行为部分包括顾客行为、前台员工行为、后台员工行为和支持过程，三条分界线分别为互动分界线、可视分界线和内部互动分界线。服务蓝图有助于服务企业了解服务过程的性质，控制和评价服务质量以及合理管理顾客体验等。

图3-11　服务蓝图方法

绘制服务蓝图的常规并非一成不变，因此所有的特殊符号、分界线的数量，以及每一组成部分的名称都可以因其内容和复杂程度而有所不同。当你深刻理解了服务蓝图的目的后，并把它当成一个有用工具而不是某设计服务的条条框框，所有问题就迎刃而解了。

顾客行为部分包括顾客在购买、消费和评价服务过程中的步骤、选择、行动和互动。这一部分紧紧围绕着顾客在采购、消费和评价服务过程中所采用的技术和评价准则展开。

与顾客行为平行的部分是服务人员行为。那些顾客能看到的服务人员表现出的行为和步骤是前台员工行为。这一部分则紧紧围绕前台员工与顾客的相互关系展开。那些发生在幕后、支持前台员工行为的雇员行为称作后台员工行为。它围绕支持前台员工的活动展开。

服务蓝图中的支持过程部分包括内部服务和支持服务人员履行的服务步骤和互动行为。这一部分覆盖了传递服务过程中所发生的支持接触员工的各种内部服务、步骤和各种相互作用。

服务蓝图与其他流程图最为显著的区别是包括了顾客及其看待服务过程的观点。实际上，在设计有效的服务蓝图时，值得借鉴的一点是从顾客对服务过程所持有的观点出发，逆向工作导入实施系统。每个行为部分中的方框图表示相应水平上服务人员执行或经历服务的步骤。四个主要的行为部分由三条分界线分开。第一条是互动分界线，表示顾客与组织间直接的互动。一旦有一条垂直线穿过互动分界线，即表明顾客与组织间直接发生接触或一个服务接触产生。下一条分界线是极关键的可视分界线，这条线把顾客能看到的服务行为与看不到的服务行为分开。看服务蓝图时，从分析多少服务在可视分界线以上发生、多少在可视分界线以下发生入手，可以很轻松地得出顾客是否被提供了很多可视服务。这条线还把服务人员在前台与后台所做的工作分开。比如，在进行医疗诊断时，医生既进行诊断和回答病人问题的可视或前台工作，也进行事先阅读病历、事后记录病情的不可视或后台工作。第三条线是内部互动分界线，用以区分服务人员的工作和其他支持服务的工作和工作人员。垂直线穿过内部互动分界线代表发生内部服务接触。

服务蓝图的最上面是服务的有形展示。最典型的方法是在每一个接触点上方都列出服务的有形展示。

服务蓝图包括"结构要素"与"管理要素"两个部分。

服务的结构要素，实际上定义了服务传递系统的整体规划，包括服务台的设置、服务能力的规划。

服务的管理要素，则明确了服务接触的标准和要求，规定了合理的服务水平、绩效评估指标、服务品质要素等。以此制定符合以顾客为导向的服务传递系统，首先关注识别与理解顾客需求，然后对这种需求作出快速响应。介入服务的每个人、每个环节，都必须把顾客满意作为自己服务到位的标准。

当然，在服务设计的过程中，使用服务蓝图的优点也是十分明显的，它可以提供一个全局观点让雇员把服务视为不可分割的整体，并与"我要做什么"关联起来，从而在雇员的观念中明确以顾客为导向的重点。同时也可以方便理清雇员与顾客之间的互动分界线，阐明顾客的作用，并表示出顾客在何处能感受到服务质量的好坏，由此促进被感知服务的设计。同时可视分界线促使有意识地确定出顾客该看到什么及谁与顾客接触，从而促进合理的服务设计。也可以使内部互动分界线显示出具有互动关系的部门之间的界面，可加强持续不断的质量改进。通过阐明构成服务的各种要素和关系，促进战略性讨论，若不能从服务整体性的角度提供一个基本立场，参加战略会议的各方就容易过分夸大自己的作用和前景。也可以为识别并计算成本、收入及向服务各要素的投资提供一个基础。同时为外部营销、内部营销构建合理基础，如服务蓝图为广告代理或房地产销售小组提供服务全景，使其易于选择沟通的重要信息。提供一种由表及里的提高质量的途径，使经理们能够识别出在一线或支持小组中工作的基层雇员为提高质量作出的努力，并给以引导和支持。雇员工作小组可以设计服务蓝图，从而更明确地应用和交流其对改善服务的经验和建议。

3.2.5 利益相关者方法

根据之前的旅程图中列出的每一个环节，从系统设计的角度来考虑一共有哪些利益相关方存在于这个服务中。

举例来说，我们需要关注的问题为"城市内搬家"这件事情（图3-12）。那么涉及的利益相关方便有：搬家者、搬家者的朋友、老房东、新房东、搬家公司、超市（可能会去超市采购一些搬家所需的物品）、邻居，也许有中介公司、司机、捡破烂的人。然后按照与搬家这件事的直接与间接的关系来对这些利益相关方分层次，有直接关系的在内层，有间接关系的在外层。

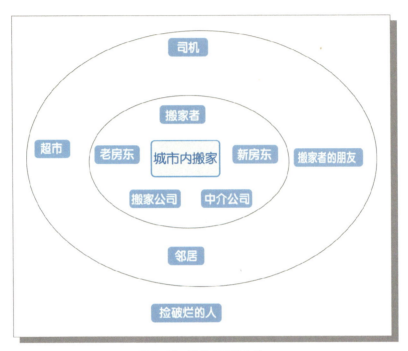

图 3-12　利益相关者方法

我们把搬家者、搬家者的朋友（有可能帮忙搬家）、搬家公司、司机这几部分放在了内层，然后把剩下的放在了外层。之后很重要的一步是重新考虑他们之间的关系，看看外层的利益相关方与内层的利益相关方之间是否存在一个可能的机会点，来优化或创新一个服务。我们后来发现超市、搬家公司，以及搬家者之间可以存在一个比较有趣的机会点，并完成了我们的设计。但是如果我们不把利益相关方列出来的话，也许就不能考虑到超市这个潜在的机会点。

3.2.6　接触点方法

触点是用户通过各种接触细节了解服务。通常将服务触点分为：物理触点、媒介触点、服务人触点。

物理触点：是物理世界中人可看到的一切元素，如标志、logo、桌椅、空间结构、色彩等。物理触点并不像装饰那么简单，它有基本逻辑。① 本能上打动用户，赢得用户最初的好感。所谓本能就是美感，即基本协调，色调统一，符合品牌传递的情感，没有偏离。② 信息准确，传递一致性、稳定、舒适。提示标语的统一、装饰的统一可以使用户能够快速理解产品，快速形成认知结构，不会产生认知负荷。

媒介触点：是在接触这个服务过程中，我们接触过其他媒介，如宣传单、网络、口碑品评等。行为可以将客观空间变为行为空间，碰触可以带给人情感。购买线下产品是强交互行为，会出现更多溢价的可能。所以在设计空间时要注意使用户产生触摸的冲动，从而让用户对产品抱有情感。客观空间到行为空间需要一次性浏览，行为空间到认知空间只需要一次亲密接触。不同温度带来的情感不同，复杂和简单传递不同的情感，粗糙和光滑也传递不同的情感，冷暖色调给人不同的情感，轻重带给人不同的情感。

服务人触点：是服务过程中，服务人员与用户接触的服务感知点。可以激发用户的文化情怀，产生文化共鸣。也可以与本地文化结合，产生共鸣。

通过以上服务感知进行统一调配和把控，传递给用户服务优秀的价值观感。服务体验的第一印象，往往由触点引发，而不同用户的触点感知是不同的。在这个过程中，可以通过各个触点的设计从视觉、听觉、嗅觉、味觉、触觉来吸引和打动用户。

3.3　HOW

3.3.1　用例图方法

用例图包括参与者的视图、示例、边界及其与描述系统功能的关系。用例图是由外部用户（"参与者"）观察到的系统功能模型，主要用于模拟系统、子系统或类别功能行为的建模。

用例图由参与者、用例、系统边界、箭头组成，可以用画图的方法来完成。

① 参与者。参与者不是特指人，而是指系统以外的在使用系统或与系统交互中所扮演的角色。因此，参与者可以是人、对象、时间或其他系统。重要的是要注意参与者不是指人或事物本身，而是指反映当时功能的人或事物。

② 用例。用例是对包含变量的一组动作序列的描述，系统执行这些动作，并传递可观察的结果，传递特定参与者的价值，这是统一建模语言中应用案例的形式化定义。我们可以这样理解：用例是参与者希望从系统中获得对于用例的命名，以给它们一个简单的描述性名称，通常是一个动作词。用例由绘图中的椭圆来表示，应用程序案例的名称附在椭圆上。

③ 系统边界。系统边界用于表示建模系统的边界。边界内表示系统的组件，边界外表示系统的外部。系统边界由图形中的字段来表示，并附加系统名称。参与者在边界外绘制，应用的情况在边界内绘制。

④ 箭头。箭头用来表示参与者和系统通过相互发送信号或消息进行交互的关系。箭头尾部用来表示启动交互的一方，箭头头部用来表示被启动的一方，其中用例总是要由参与者来启动。

用例图主要的作用有三个：① 获取需求；② 指导测试；③ 可在整个过程的其他工作流中起到指导作用。

用例图中包含的元素除了系统边界、参与者和用例，另外就是关系。关系包括用例之间的关系、参与者之间的关系、用例和参与者之间的关系。在这里，基于此方法的突出特点，主要对用例之间的关系进行简要介绍。

包含关系：基本用例的行为包含了另一个用例的行为。基本用例描述的是多个用例中都有的公共行为。包含关系本质上是比较特殊的依赖关系。它比一般的依赖关系多了一些语义。在包含关系中，箭头的方向是从基本用例到包含用例。

泛化关系：代表一般与特殊的关系。它的意思和面向对象程序设计中的继承的概念是类似的。不同的是继承用在实施阶段，泛化用在分析、设计阶段。在泛化关系中，子用例继承了父用例的行为和含义，子用例也可以增加新的行为和含义或者覆盖父用例中的行为和含义。

扩展关系：扩展关系的基本含义和泛化关系类似，但在扩展关系中，对于扩展用例有更多的规则限制，基本用例必须声明扩展点，而扩展用例只能在扩展点上增加新的行为和含义。与包含关系一样，扩展关系也是依赖关系。在扩展关系中，箭头的方向是从扩展用例到基本用例，这与包含关系是不同的（图3-13）。

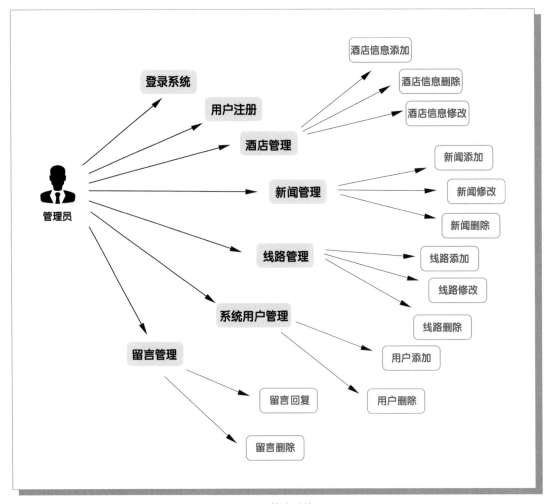

图3-13　箭头的使用

3.3.2 商业模式画布方法

商业模式画布是一种能够帮助团队催生创意、减少猜测、确保他们找对目标用户、合理解决问题的工具。我们做任何产品的最终目的是活下去，要活下去则必须有商业模式，而现今这个时代的商业模式不再是随便拍脑袋就能想得到了，这时商业模式画布能够有效帮助设计师作分析。

商业模式画布由九个方块组成，这九个方块可以说能把任何一个产品的商业模式拆解得清清楚楚（图3-14）。分别如下。

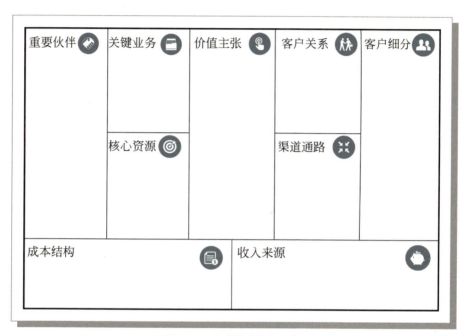

图3-14 商业模式画布方法

客户细分：产品的核心用户群体；价值主张：产品能提供给核心用户的核心价值、核心需求；渠道通路：如何将产品送达用户；关键业务：直接制造产品、问题解决、平台/网络等；收入来源：产品的收益方式（如流量变现、游戏、电子商务）；核心资源：资金、人才、技术、渠道；成本结构：创造产品的资源投入，资金、人力等；重要伙伴：商业链上的伙伴，如产品方和渠道方；客户关系：产品和用户的关系。

商业模式画布九大元素的使用，不是完全随便填写的，而是有一定顺序的——首先要了解目标用户群（客户细分），然后确定他们的需求（价值主张），思考我们如何接触到用户（渠道通路），制作怎样的业务（关键业务），怎么使产品盈利（收入来源），凭借什么筹码实现盈利（核心资源），投入产出比是怎样的（成本结构），能向你伸出援手的人（重要伙伴），以及维护客户关系（客户关系）。

比如之前Glen在腾讯负责直播项目营收的时候，经常用商业模式画布来分析自身业务的中长期打法。比如画出红框、黄框和蓝框，表示目前出现问题的三个部分，然后再根据分析结果进行专项的任务制定和执行项目的拆解，这样更有利于项目有条理地推进（图3-15）。

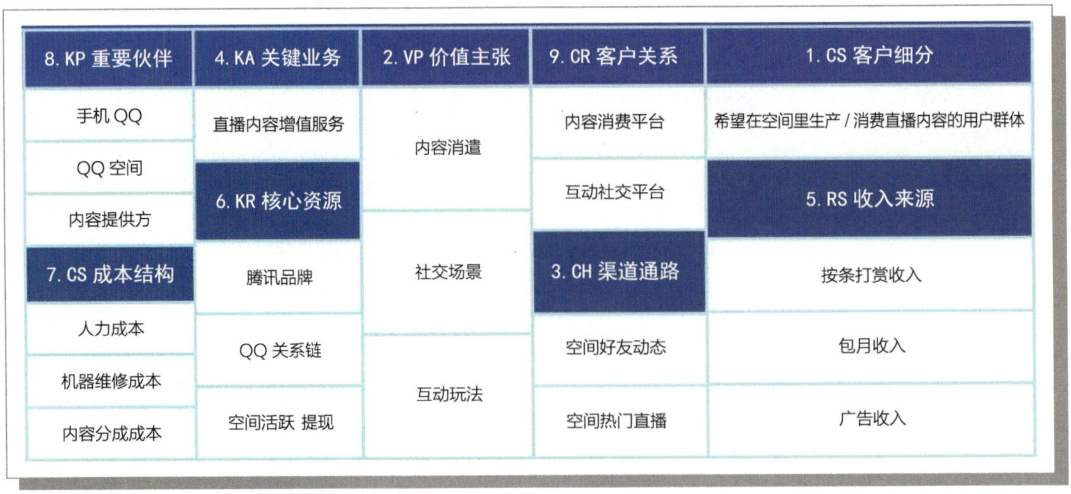

8. KP 重要伙伴	4. KA 关键业务	2. VP 价值主张	9. CR 客户关系	1. CS 客户细分
手机 QQ	直播内容增值服务	内容消遣	内容消费平台	希望在空间里生产/消费直播内容的用户群体
QQ 空间			互动社交平台	5. RS 收入来源
内容提供方	6. KR 核心资源			
7. CS 成本结构	腾讯品牌	社交场景	3. CH 渠道通路	按条打赏收入
人力成本			空间好友动态	包月收入
机器维修成本	QQ 关系链	互动玩法		
内容分成成本	空间活跃 提现		空间热门直播	广告收入

图 3-15 腾讯的商业模式画布

　　以上便是服务设计中常用的几种设计方法，它们有着自身的优点，同时也有适用的情景，不同的设计路线需要匹配不同的设计方法，达到切合实际的设计效果。服务设计作为新兴的设计理念，近些年受到众多设计师的追捧，市场前景光明。只有熟练掌握以上这些设计方法，真正抓住服务设计的内涵，才可以作出切实可行的设计。

4

服务设计版面及表现要素设计

Service Design

本章中的所有举例仅是一些服务设计版面的可能性，但并不能涵盖所有版面，所以在使用的时候注意灵活运用，结合具体的项目内容与版面风格进行，切不可完全照搬。

主要步骤：
① 设计调研版面绘制。
② 用户旅程图版面绘制。
③ 需求图、提供图版面绘制。
④ 服务生态图版面绘制。
⑤ 服务蓝图版面绘制。
⑥ 利益相关者地图版面绘制。
⑦ 系统图版面绘制。
⑧ 信息架构/低保真原型版面绘制。
⑨ 高保真原型版面绘制。

4.1 设计调研版面绘制

一般来说，服务设计的前期调研与工业设计的做法没有特别大的差异，所以在初期调研阶段两者的方法和呈现都类似（除了用户旅程图）。

图4-1是一个典型的服务设计调研部分的版面。

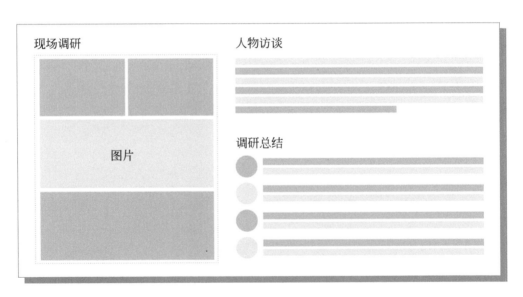

图4-1 服务设计调研版面（1）

图4-2是另一种版面表现方法，更多的图表和调研方法都可以加在初步调研的页面上。当然，这里为了弱化传统调研方法，将内容合并在一页之上，在制作版面的时候，还需要根据具体情况灵活处理。

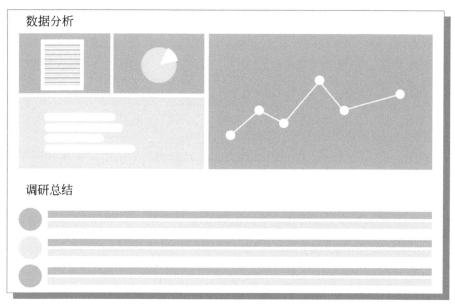

图 4-2　服务设计调研版面（2）

4.2　用户旅程图版面绘制

用户旅程图是一种在不同时间和不同空间下描述个人用户与产品、品牌之间关系的可视化图文信息。用户旅程图帮助设计团队从用户系统流程中找到"如果……，怎么办"的答案。以下是几个步骤。

（1）选择范围

一步步地拆解一个用户行为的每个细节，并且重新定义该行为的起点和终点。以一个人坐飞机去某地为例，一般来说，我们认为这个行为起始于"他离开家准备打车或坐地铁去机场"，但是通过用户旅程图，我们发现因为要坐飞机，所以他需要先订机票，再付款，那么新的服务范围的定义也许是从订机票开始的。

（2）创建用户画像

谁是你的用户？

用户旅程图始终关注一个主要角色的体验——体验旅程的用户角色。

用户画像需要根据目标用户的信息创建，这就是为什么要从用户研究做起。掌握足量的用户信息可以防止犯想当然的错误。

以下是收集并分析目标用户有效信息的方法：对你的真实或潜在用户做用户访谈；情景调查；分析用户研究结果。

（3）定义场景和用户目标

场景描述了用户旅程发生的情景。它可以是真实的，也可以是预计会发生的。

定义用户对某一交互的期待也很重要。例如，一个场景可以是用户使用智能手机打车，用户目标是希望出租车可以在5分钟之内到达。

（4）创建接触点列表

接触点是用户与产品/服务所发生的交互行为。定义所有的主要接触点与每个接触点相关的所有方式至关重要。例如，接触点是"买礼物"，完成这个任务的方式可以为网上购物或是去商店购买。

（5）将用户意图纳入考虑范围

用户使用产品的动机是什么？

当用户使用产品的时候，他们期待解决什么问题？不同的用户群体使用同一产品会有不同的原因。比如浏览电商网站，"只是来逛逛"这类用户与有明确目标想要购买某一种商品的用户就很不一样。

对于每一个用户旅程，弄清楚以下几点很重要：

动机：用户为什么想要尝试这么做？

地点：交互发生的空间地点。

行为：用户行为和采取的措施。

痛点：用户面临的挑战。

小建议：确保用户在任何空间中都能获得一致的用户体验。

因为旅程图（journey map）通常涉及的内容比较多，对于复杂的项目来说，一个旅程图也许会将整个白板画满，所以一般情况下旅程图会独占一个版面（图4-3）。

用户旅程图的本质是表达用户在接触现有服务的触点（touch point）和接触触点时的问题。

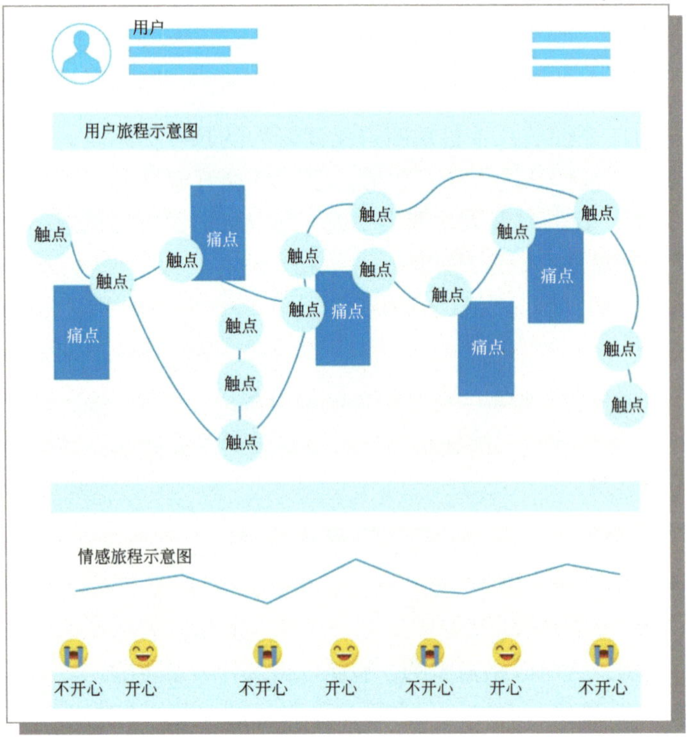

需要说明的是，作为一种调研与分析的方法，旅程图可以是画在纸上或板子上的翻拍，也可以是利用AI软件再次绘制的图表，重点是能够借助对现有用户与触点的问题分析，得到用户"痛点"，进而得到"需求点"和"提供点"。

在有的教材或者案例中，用户旅程图中是不包含图4-4所示的最下方的情感旅程图（emotional journey map）的，但是由于用户体验本身就是更加关注用户内心以及情绪的变化，所以我们建议在用户旅程图中都加入情感旅程图部分（图4-5）。

图4-3 旅程图版面

图 4-4　情感旅程图版面

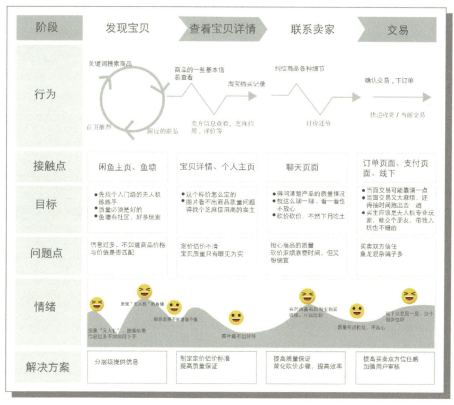

图 4-5　闲鱼购买二手商品的情感旅程图

4.3 需求图、提供图版面绘制

由旅程图发现的痛点，向前略做推进即可转化为"用户的需求"，而用户需求直接对应的就是"我提供什么给他们"。

痛点：用户渴了。

需求点：用户要喝水。

提供点：给他们水。

上面这个例子虽然看起来甚至简单到没有必要拆分的程度，但是放在复杂的用户体验层面，把对用户的分析拆分成上述几个部分还是很有必要的。

图4-6是一个典型的用户需求部分的版面。

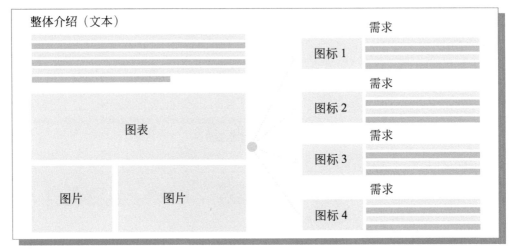

图4-6 用户需求的版面（1）

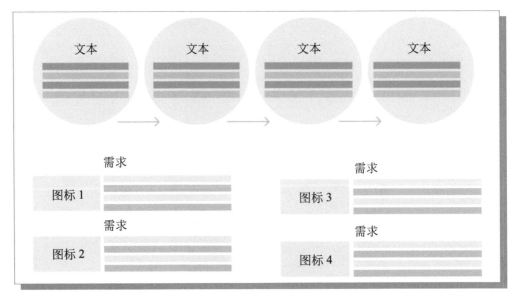

图4-7 用户需求的版面（2）

用户需求图（needs map）都是需要整理成逻辑清晰的"1、2、3"这种表达的，所以，可以看到图4-6的表达形式是"图标+文字"。而提供图（offering map）往往带着逻辑和层次，所以它更多是用脑图（或信息架构图）的形式表现。

图4-7是另一种版面表现方法，更多的图表和调研方法都可以加在初步调研的页面上。当然，这里为了弱化传统调研方法，将内容合并在一页之上，在制作版面的时候，还需要根据具体情况灵活处理。

4.4 服务生态图版面绘制

服务生态图（service ecology map）是服务设计项目特有的构思方法，如果套用双钻石（double diamond）的设计逻辑的话，它基本上就正式进入设计或开发步骤了。服务生态图一般用来探索围绕这项服务中的"5W1H"，即从What、Where、When、Who、Why和How的角度完全展开服务的生态，然后从中寻找和构建新的生态可能性。如图4-8所示，左侧的几层类似饼图的图就是服务生态图，需要将"5W1H"的各个角度分别填入每一个扇形中，进而通过在各个元素之间建立联系来构建可能性；而右侧的可能性描述就是从这个生态图（ecology map）中能够组合和提取出的可能性。因为服务生态图的模式基本是固定的，所以它的版式也比较固定，即一页内容呈现完整的图即可（图4-9）。

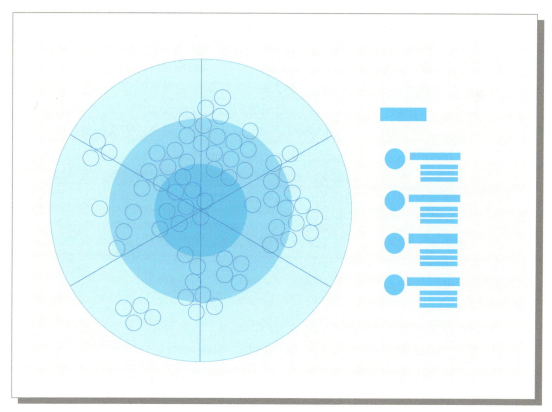

图4-8 服务生态图的版面（1）

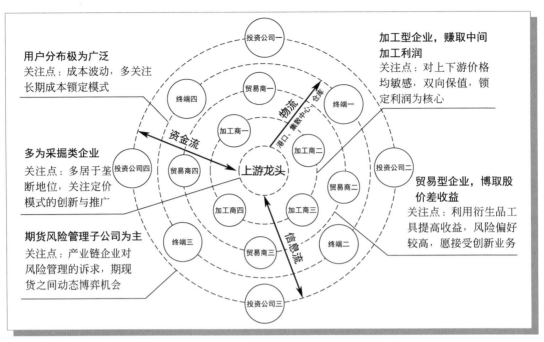

图 4-9 服务生态图的版面（2）

4.5 服务蓝图版面绘制

服务蓝图（service blueprint）是站在服务建立的角度来衡量围绕用户的各个触点，以及为了完成用户与触点的良好交互后台所需要作出的支持与相互配合。服务蓝图的一个明显特征就是在分析的时候会存在一条"可见性的线"，线条以上是"用户可见"部分，即用户要接触到的各个触点；线条以下则是"用户不可见"部分，即服务背后的各个利益相关者或三方支持者。

服务蓝图包括顾客行为、前台员工行为、后台员工行为和支持过程。可从以下几个方面来展示服务：描绘服务实施的过程、服务实施的接触点、实施服务的人、享用服务的用户、支持服务得以实现的后台支持系统。

服务蓝图更像一种集合化的工具，包含用户画像、用户旅程图、系统图等工具。通常服务蓝图的模板如下（图4-10）。

具体做法是：

① 识别用户。

在此阶段，可使用用户画像工具来理解用户需求。将用户需求分类整理好后，使用系统图工具以了解整个服务系统的运作，建立起制作蓝图的目标。

② 梳理用户使用服务的流程。

在此阶段，可使用用户旅程图工具帮助服务设计师们梳理服务的使用过程。梳理完毕后，将每个阶段的旅程以故事板的形式填入图4-10中第1行的格子里。

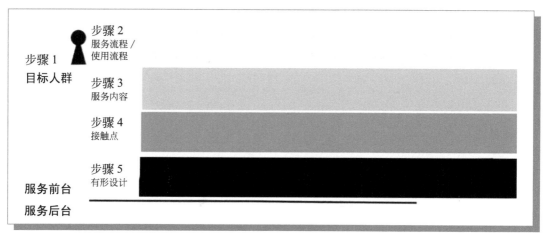

图4-10 服务蓝图的版面（1）

③ 整理服务内容。

结合①中的系统图与②中的用户旅程图，确定每个阶段需提供给用户的服务有哪些，可以用列表的形式填入图4-10中第2行的格子里。

④ 明确接触点。

即界定在每个阶段中，与用户接触的服务是有形的还是无形的，并将结论填入图4-10中第3行的格子里。

⑤ 确定有形设计。

在此阶段，需确定有形展示内容。但并不意味着所有的有形展示都要重新设计，需根据项目成本以及预估的服务实施情况，尽量选择现有的有形物以满足服务需求。

⑥ 进行后台设计。

后台设计的步骤基本上是重复上述①至⑤的步骤，在这里就不赘述了。

⑦ 标出前后台互动的关系。

在此阶段，以连线的方式标出前后台的互动关系。

需要特别指出的是，服务蓝图模板并不是一成不变的，所有的图标、服务蓝图中公用线的数量，以及服务蓝图中每一组成部分的名称都可以因项目的内容和复杂程度而有所不同。

在这里，以更为简单的图示形式反映了一个服务旅程不同阶段的服务点及实现要素（图4-11、图4-12）。

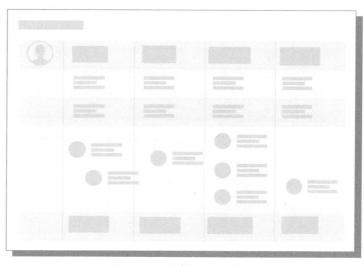

图4-11 服务蓝图的版面（2）

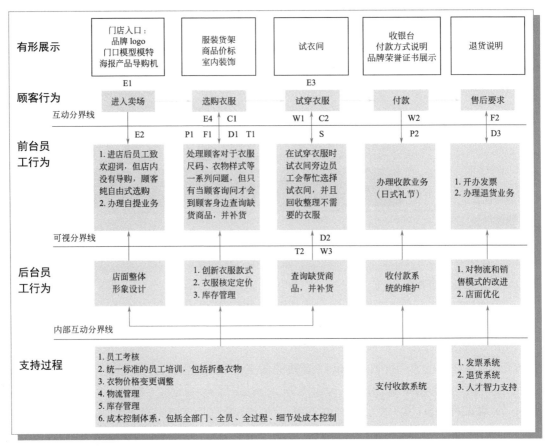

图 4-12　服务蓝图的版面（3）

4.6　利益相关者地图版面绘制

　　协同设计提倡用户参与整个设计过程，并与设计师一起建立服务。用户在他们比较擅长的领域是专家，所以用户可以成为设计过程中的一部分，但为了承担这个角色，他们必须有适当的工具来表达自己。设计师应该为人们提供互相交流的方式以及人们之间相互交流、创新、分享见解和自己的想法的工具。其中，利益相关者地图是洞察用户需求、分析利益相关方、识别关键人物、实现服务设计可视化的一个非常重要的工具。

　　利益相关者地图是对某种服务或某个服务系统所涉及的利益相关方进行的视觉展示。其优势在于可以用视觉化的方式将复杂的局面可视化，并展现出各方的具体需求和资源的配置。具体做法是：

　　① 列出利益相关者清单。实际情况是当罗列出所有的利益相关者时，数量往往超过服务设计师们的预期，是否要将所有的利益相关者置于一张图中，服务设计师们需根据项目情况进行调整。在这里，可以根据重要程度进行排序，从下往上，先不考虑重要程度较低的利益相关者。某种服务或某个服务系统中的利益相关者则以采用核心圈、数量控制在 10 个以内为佳。如果遇到不可忽略任一利益相关者的情况，可采用外围圈的做法来加以区分（图 4-13）。

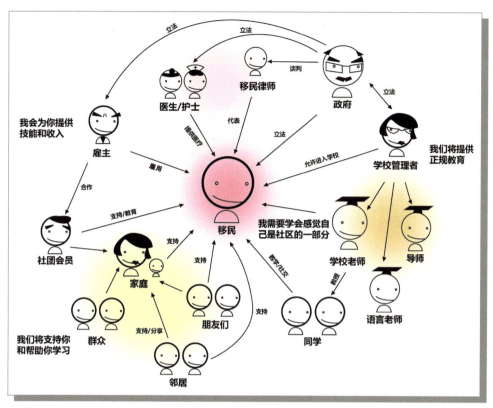

图4-13 核心利益相关者地图

② 分析利益相关者之间的联系和相互作用,特别要弄清楚对这些参与者来说利益是什么,获取利益的动机是什么(图4-14)。

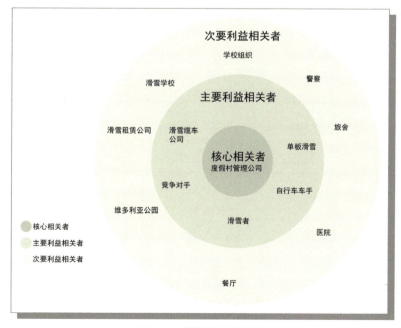

图4-14 利益相关者总图

③ 绘制利益相关者地图，需要的话，可找出其中的机会点，并在图中加以强调。

4.7 系统图版面绘制

系统图（system map）表达的是服务模式之中各个利益相关者所处的地位与相互间的配合。一般通过"图标+引导线"的形式表达出信息流（information flow）、物质流（material flow）和资金流（financial flow）三条流线，即从信息、物质和资金的角度描述系统如何运行。

系统图是服务体系的视觉化描述工具，它包含参与与服务的对象、关系，以及物质、资金和信息的流动。而系统是指有两个以上相互区别和相互作用的要素，以一定的结构形式连接构成的为达到某种功能的有机整体。它包含系统元素、系统结构及系统功能三个部分。

具体做法是：
① 确定系统元素，将其写在便利贴或卡片上。
② 将系统元素分在不同的系统功能之下，生成子系统。
③ 建立子系统之间的关系，定义系统元素之间的关系，建立系统结构。
④ 生成系统图。

服务设计师们会以逻辑顺序将系统元素简单地连在一起，并进行功能分类，但并没有设计系统元素之间的关系。例如：资金流动是怎样的？信息流动是怎样的？

系统图的模式基本是固定的，所以它的版式也比较固定，即一页内容呈现完整的图表即可（图4-15）。

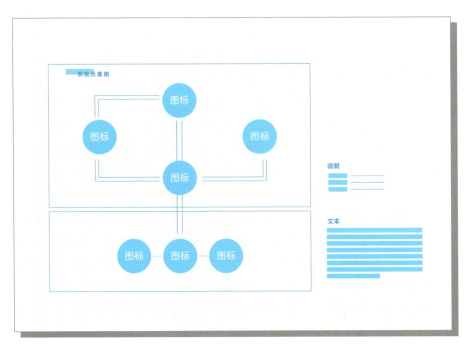

图4-15　系统图的版面

图4-16是较为标准的系统图，该图较为清晰地反映了某线上供给服务系统中的物质流、信息（数据）流、积分流和资金流的情况。

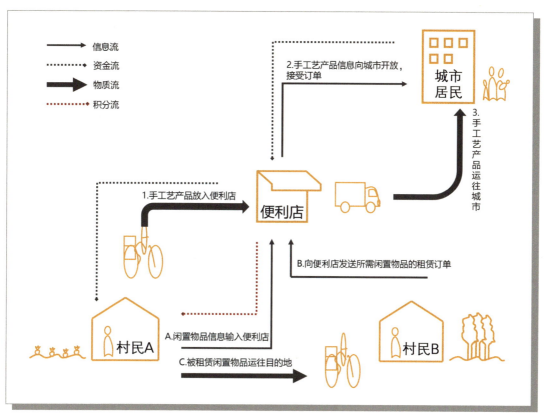

图4-16　标准的系统图

4.8 信息架构/低保真原型版面绘制

信息架构（information architecture）是在偏重于有界面的交互设计中，利用脑图的形式表达软件设计的框架结构。即用户体验设计五个层次中的结构层（structure plane），它是用于确定各种特性和功能最适合的组合方式（图4-17、图4-18）。

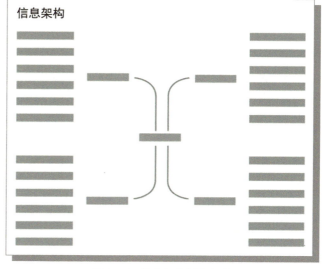

图4-17　信息架构版面（1）

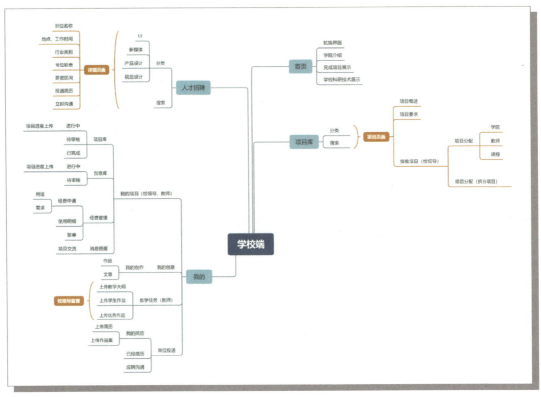

图4-18 信息架构版面（2）

建构流程有：

① 询问清楚用户想要做什么事。

② 开始分析做这些事必须有哪些步骤。

③ 分层级分类型，从上往下梳理，然后思考怎样让一个用户在完成这些操作时，步骤更少，界面更易懂。

低保真原型的优点：

① 专注于设计和概念：没有了每个页面的链接、可点击、交互等问题带来的压力，就可以不用担心原型的技术部分，而将更多精力花在构思上。

② 实时迭代：假设你正在收集用户对草图原型的反馈，在测试过程中，你可以在几分钟内基于用户的实时反馈快速重做部分设计。

③ 人人都容易理解：每个人都能画草图。有了低保真原型，即使不是设计师，也可以参与设计过程，思考内容、菜单和流程。

而低保真原型（Low-Fidelity prototype）在用户体验设计五个层次中是框架层（skeleton plane），利用纸面或者快速原型工具对按钮、表格、图片和文本区域的位置进行绘制。低保真原型常被大家称作线框图，在作品集中常被写作 Lo-Fi。

图4-19即低保真原型的版面，一般在交互设计作品中，我们还需要把各个页面之间的跳转关系以交互流程图的形式作出指示，但在偏服务设计的项目中可以省略。

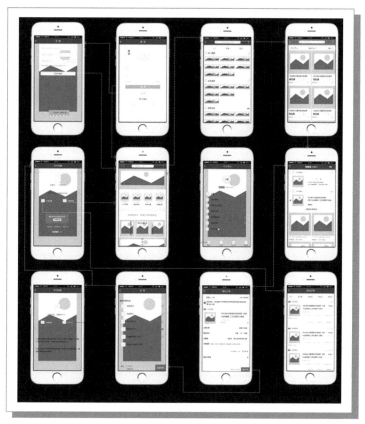

图4-19 低保真原型的版面

4.9 高保真原型版面绘制

Hi-Fi全称写作High-Fidelity prototype，又叫作高保真原型，在用户体验设计的五个层次中处于顶层，又叫作表现层，即被用户直接感知的一层。简单说，它几乎是不可操作的界面设计了。

高保真原型的优点：

① 用户更熟悉：对用户来说，高保真原型看上去更像真实的产品，这意味着参与者在测试过程中的表现也会更自然。

② 要测试的具体部分更为确定：你可以在用户测试中深入挖掘一个部分（例如流程、视觉或导航）。这使你可以从特定的设计组件中获得具体细节反馈，而纸面的低保真原型做不到这一点。

③ 对利益相关者更适合：客户和团队成员在开发完成前会对产品的外观和功能有个清晰的了解。你也可以在早期给开发者设定一个明确的时间预期，即需要多久来完成原型和产品开发。

一般高保真原型的设计可以用PS、AI或者Sketch进行，而在作品集中的呈现方式比较灵活，但基本上是以内容呈现的版式为主。

另外,也可以通过引线的使用来体现页面间的跳转逻辑(图4-20)。

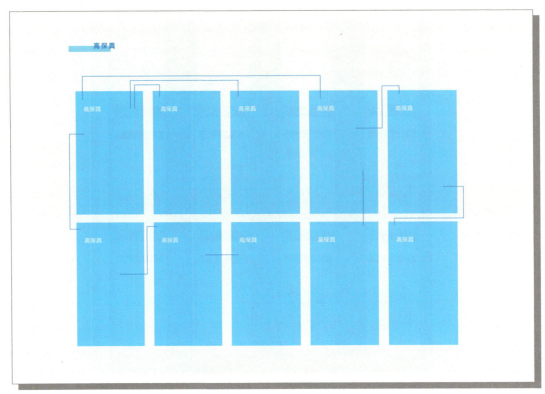

图4-20　高保真原型的版面

5 服务设计实践案例

5.1 服务设计在医疗行业里的运用——康复养老院信息服务设计案例

（1）服务系统概述（图5-1～图5-3）

针对康复养老信息需要，运用服务设计理论的基本原则和创新性解决问题的方法，进行服务设计的研究。

图5-1 硬件设计效果图

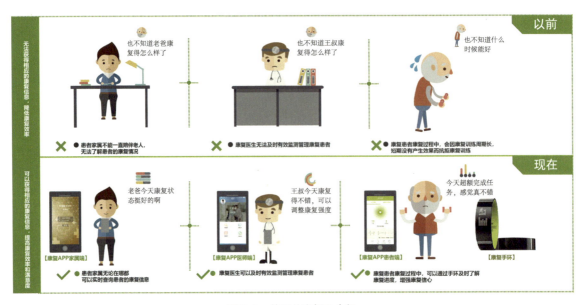

图5-2 使用故事板及介绍

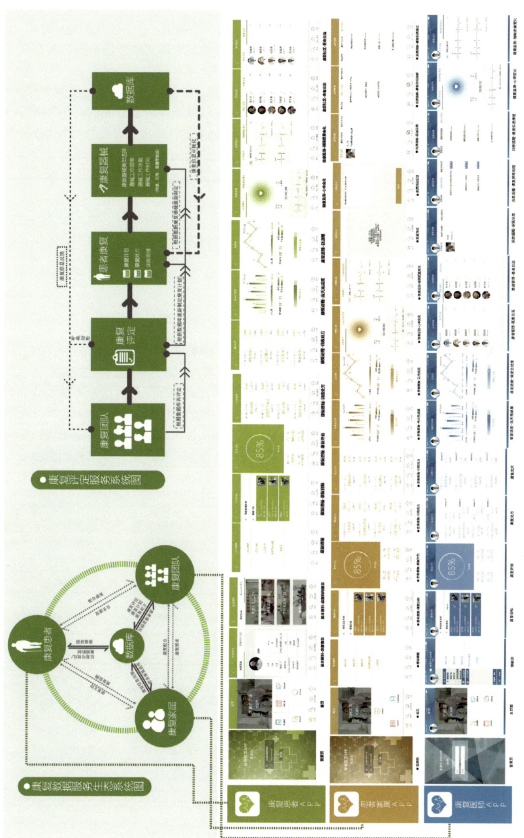

图5-3 信息架构

5 >> 服务设计实践案例

① 我们会给康复患者、康复医师、患者家属利益相关者提供一套系统化的解决方案。有效解决康复过程中，康复患者、康复医师团队、康复患者家属因缺少信息服务而造成的低效康复问题。

② 构建康复信息数据库，在过去，康复养老的评定、康复处方，都是凭康复医师、治疗室的个人临床经验实施的，其决策带有主观性，不能客观作出最准确的判断。康复信息数据库在采集大量康复数据的基础上，为康复医师团队的评定提供客观的判断依据。

③ 提高康复利益相关者的用户体验，对患者康复进行康复信息可视化，增强康复信心；方便康复医师信息管理，节约成本；给患者家属提供患者康复监测，信息反馈，增强医患联系，减少矛盾。

为康复养老创造更为合理、舒适、科学的服务体验，这在康复养老领域是一个较新的尝试，对其他康复养老的设计开发具有借鉴意义，同时这也为服务设计增加了实践案例，促进了服务设计的发展。

项目类型：南京艺术学院研究课题

设计团队：王祥、李亦文教授

（2）康复养老过程利益相关者

运用服务设计方法中的服务蓝图方法对康复养老进行梳理，我们以康复进程为导向，在分析物理触点、服务人触点基础上找出所有利益相关者。如图5-4所示，在康复前，患者入院，患者家属陪同，康复护士接待，同一时间，康复医师团队会根据患者基本情况组成康复专家团队；康复评定，需要康复团队里的治疗师参与评定，包括PT治疗师、OT治疗师等；初期康复，患者家属不能一直陪同，所以请来护工看护，患者根据康复处方到各个康复室进行康复；中期评定的时候，需要所有人参与，中期康复则跟初期康复一

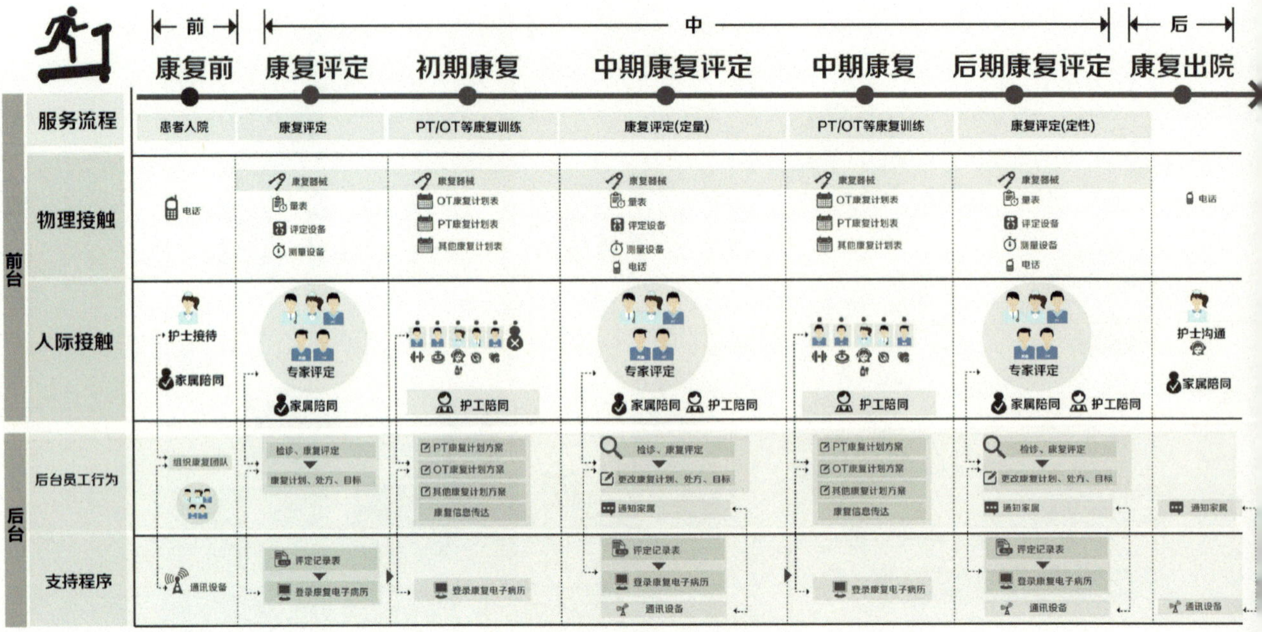

图5-4 患者康复服务蓝图

样,在此过程中患者会和别的康复患者聊天;后期评定和中期评定一样,出院的时候,需要患者家属陪同。在此过程中,我们找出了:康复患者、康复患者家属、康复医师、康复护士、OT治疗师、PT治疗师、其他康复及相关部门和其他利益相关者。

在众多的利益相关者中,我们对其进行梳理,理清服务关系(图5-5)。康复患者和患者家属是康复需求者,康复医师、康

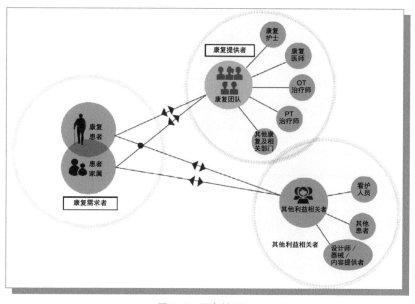

图5-5 服务关系图

复护士、OT治疗师、PT治疗师和其他康复及相关部门是康复提供者,看护人员、其他患者和设计师/器械/内容提供者则作为其他利益相关者。

针对以上的利益相关者,我们统计梳理好其在康复过程中的主要需求与主要职责(表5-1)。

表5-1 各利益相关者的主要需求、主要职责

利益相关者	身份	主要需求与主要职责
康复需求者	康复患者	① 恢复健康状态;② 配合康复团队进行康复训练
	患者家属	① 及时有效了解患者康复情况;② 辅助康复;③ 方便与康复团队、患者沟通交流
康复提供者	康复医师	① 准确定量评定;② 方便制订计划、康复目标;③ 了解患者康复进度情况
	OT治疗师	① 执行医师处方,制订OT治疗方案;② 执行OT治疗方案
	PT治疗师	① 执行医师处方,制订PT治疗方案;② 执行PT治疗方案
	康复护士	① 上传下达;② 观察患者康复变化;③ 给予患者康复辅助
	其他康复及相关部门	① 执行医师处方,制订康复治疗方案;② 执行康复治疗方案
其他利益相关者	看护人员	生活衣食住行,看护
	其他患者	沟通、交流,相互帮助
	设计师/器械/内容提供者	① 康复内容发布;② 平台维护;③ 软硬件维护

(3)利益相关者用户评级

利益相关者种类众多,我们围绕康复服务对用户进行等级划分(图5-6),划分出康

复患者、康复医师团队（包括治疗师）、患者家属三块核心利益相关者，我们将对康复核心利益相关者进行优先级服务。

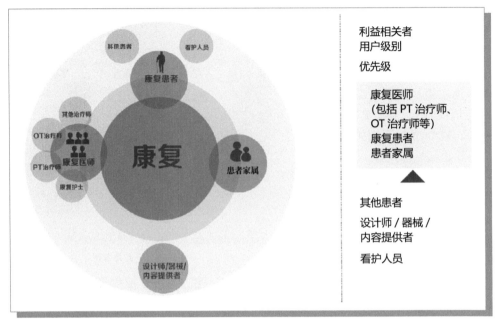

图 5-6　利益相关者用户级别

（4）核心利益相关者需求

康复患者对康复训练需求如下：

① 需要及时了解自己的康复状况，虽然在短期内没有显著的效果，但是还是希望能从短期康复训练中找到信心。

② 需要监测自己的健康状况，在康复过程中，由于康复行为会对身体造成一定的影响，当自己康复过量或者身体不适的时候，希望能及时提醒康复医师。

③ 减少评定次数。

康复医师团队是康复行为过程中的康复服务提供者。康复医师根据患者的情况进行评估，根据自己的临床经验制订计划，由于患者无法有效地进行信息反馈，医师团队无法及时、实时了解患者的康复情况，所以常导致康复患者康复过量，或者康复过少，降低康复效率，无法及时地修正自己的康复计划。从康复医师、治疗师的角度上看，需要了解以下情况：

① 康复训练实时数据。能得到康复过程中患者的训练数据，比如康复器械训练时间、康复器械训练频率、康复器械训练数量、康复器械训练力度等信息，从这些信息中，医师可以及时评估出康复患者康复状况。比如，患者在进行康复训练时，无法有效地做到一定数量，医师可以判读出患者是否肌力不足。

② 康复患者的身体实时数据。康复患者在进行康复训练时，身体处于运动状态，身体是否能吃得消，血压是否会升高、心率是否过快，这些信息如果被监测到，医师可以及时调整自己的康复强度。反之，由于患者自己没有意识到这种情况，会造成较为严重的后果。

患者家属不是康复行为中的直接参与者，但对患者的康复情况却需要实时知晓。在现在的家庭中，"4-2-1"的家庭模式已是常态，子女家属需要工作，无法时时刻刻照顾到患者，对于患者的康复状态情况，患者家属更多的是从康复医师处了解，无法对患者本身康复状态进行监测。从患者家属角度上看，需要了解以下情况：

① 康复患者的康复评定、康复目标、康复计划，家属通过康复计划了解康复患者的康复状态。

② 康复患者的身体情况，患者家属希望能得到患者康复过程的实时数据，来判断康复情况。

③ 患者病征相关的康复信息，方便患者家属了解、学习。

④ 能及时与康复医师沟通患者康复情况。

（5）康复养老服务设计系统框架设计

一是绘制康复养老院服务设计研究流程图（图5-7）。

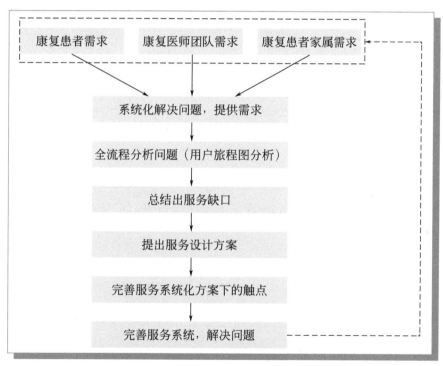

图5-7　康复养老院服务设计研究流程图

针对核心利益相关者康复患者、康复医师团队、康复患者家属三个用户需求，我们将运用服务设计方法系统化地解决问题，满足他们的需求。我们首先需要对他们进行全流程分析，找出他们在康复流程中的服务痛点，挖掘出他们的服务缺口，提出服务设计方案。在完善服务系统化方案下的触点基础上，完善服务系统，解决问题。

我们首先对核心利益相关者进行用户旅程图研究，从用户服务流程上寻找服务痛点，再进一步总结归纳出服务缺口。

二是挖掘服务缺口。

核心利益相关者用户旅程痛点研究（图5-8～图5-12）。

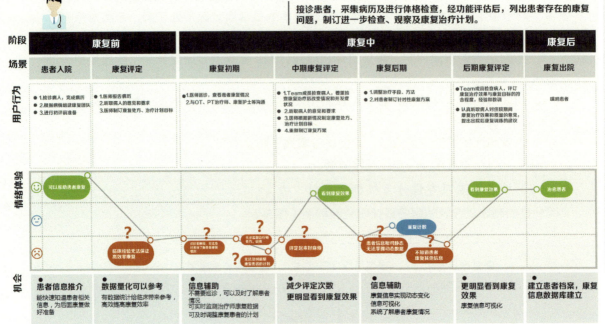

图5-8 康复医师康复治疗旅程图

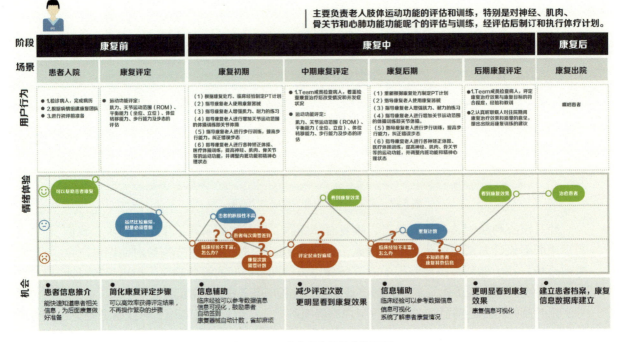

图5-9 PT治疗师康复治疗旅程图

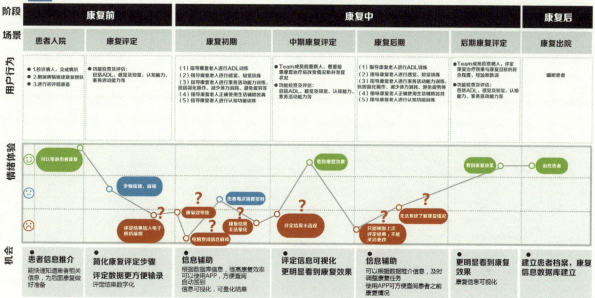

图5-10　OT治疗师康复治疗旅程图

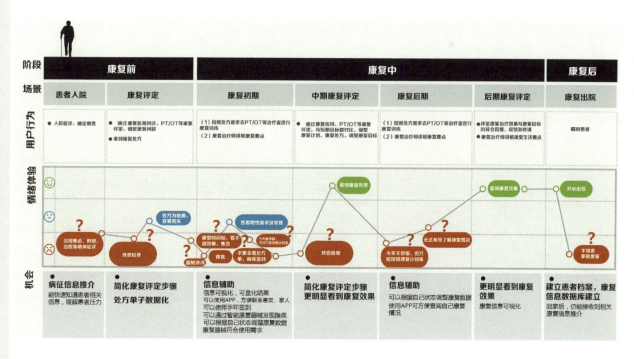

图5-11　患者康复治疗旅程图

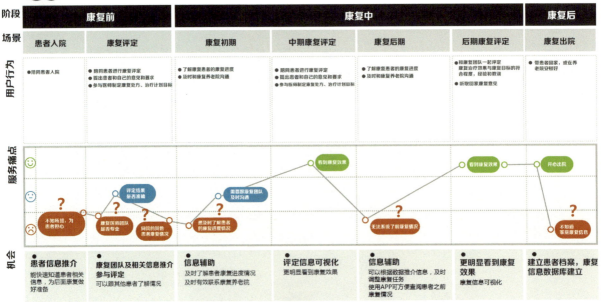

图 5-12　患者家属旅程图

三是梳理核心利益相关者服务体验痛点。

我们对康复服务中核心利益相关者的用户旅程图进行梳理（图5-13），结果发现康复初期和康复后期存在的痛点极多，这也为我们后面的服务研究找到了方向。

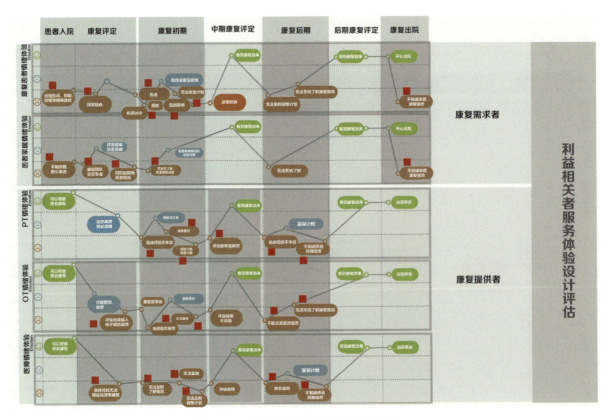

图 5-13　核心利益相关者服务体验痛点梳理

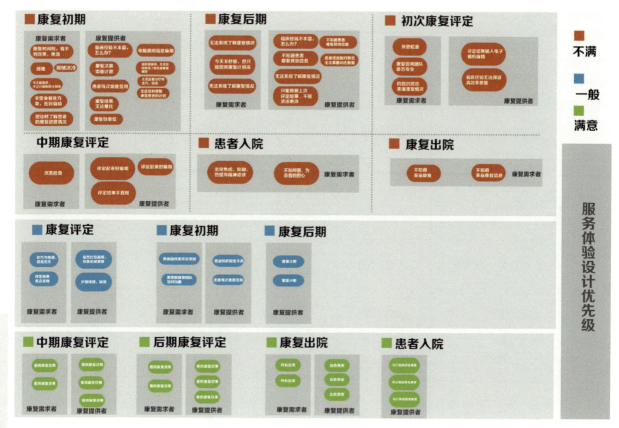

图5-14 服务体验痛点分级

我们对康复体验痛点进行分级,分成三级(图5-14),第一级是服务痛点(不满点),第二级是体验一般的服务痛点,第三级是相对满意的服务痛点。通过对康复体验痛点的分级,我们将着重解决第一级的服务痛点。

四是梳理第一级的服务痛点(表5-2)。

我们将对第一级的服务痛点进行梳理,寻找到触点和解决方式。

表5-2 第一级的服务痛点梳理

痛点	触点	目标/解决方式	软硬件
器械冰冷	康复器械	对康复器械进行重新设计,符合康复患者需求	硬件
无法及时调整康复患者的计划	康复计划表	建立动态计划表,可灵活提供计划安排	软件
手里拿着处方单,签到麻烦	康复器械	对康复器械进行重新设计,增加身份识别系统,方便患者康复训练	硬件
想及时了解患者的康复进度情况	评定设备	对康复器械进行重新设计,实现数据上传数据库,信息可视化	硬件

续表

痛点	触点	目标/解决方式	软硬件
临床经验不丰富，怎么办	康复处方表	对康复器械进行重新设计，实现数据上传数据库，数据可以作为评定辅助	软件
康复次数需要计数	康复器械	对康复器械进行重新设计，增加传感器，可以使患者做到次数自动上传数据库	硬件
电脑查阅信息麻烦	WEB登录	建立移动APP，可方便查阅资料	软件
巡诊很麻烦，无法及时系统了解患者康复情况	团队沟通	建立系统，从硬件上进行数据采集，软件上进行数据管理，方便团队使用	硬件 软件
康复训练无法量化	康复器械	对康复器械进行重新设计，实现数据上传数据库，康复数据可以量化	硬件
康复效率低	康复系统	有数据统计给临床带来参考，高效提高康复效率	硬件 软件
无法监督治疗师处方、训练	团队沟通	建立系统，从硬件上进行数据采集，软件上进行数据管理，方便医师监测	硬件 软件
无法系统了解康复情况	WEB登录	建立系统，从硬件上进行数据采集，软件上进行数据管理，可以系统掌握康复情况	硬件 软件
不知道患者康复其他信息	WEB登录	建立移动APP，方便治疗师查阅信息	软件
患者信息相对静态，无法掌握动态数据	康复计划表	建立动态康复数据库，可灵活查阅康复计划安排	软件
厌恶检查	康复器械测量设备评定设备量表	建立信息架构减少评定次数，实现康复即评定	硬件 软件
评定结果输入电子病历麻烦	WEB登录	建立信息传送平台，康复信息可自动上传	软件
出现焦虑、抑郁、恐慌等精神症状	团队沟通	建立平台用来介绍康复相关信息，缓解压力	软件
不知道家庭康复信息	电脑查询	建立平台用来介绍康复相关信息	软件
康复医师团队是否专业	团队沟通 手机查询	建立平台用来介绍康复团队及推介相关信息	软件
同院的其他患者康复情况	不清楚	建立患者间的沟通渠道，患者家属之间、患者之间可以进行沟通、交流	软件

五是总结用户服务痛点。

对用户康复旅程里面的痛点进行归纳（图5-15），归纳出三个服务缺口：信息管理服务缺失、缺乏客观的康复评定判断依据、康复器械体验差。

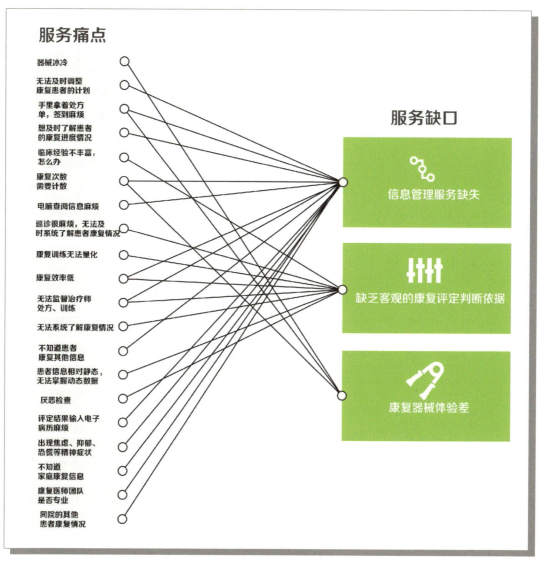

图5-15　痛点归纳

（6）康复服务系统设计

一是找出服务缺口解决方案。

针对总结出来的服务缺口，我们需要系统解决问题。我们采取服务设计找出全面且系统化的解决方案（表5-3），通过服务设计工具梳理问题，进而可以设计手法解决，最终提供完善的康复服务体验，由此创造出康复服务体验闭环。

我们将构建康复大数据数据库服务，对康复器械进行再设计，同时打通服务生态各个环节，最终输出一套完整的康复数据服务生态系统，建立康复行业标准。

表5-3　服务缺口的解决方案

服务缺口	解决方案
信息管理服务缺失	构建康复大数据数据库服务
缺乏客观的康复评定判断依据	
康复器械体验差	康复器械再设计

二是建立康复数据服务生态系统。

以数据库为核心，在康复信息采集、康复信息整理、康复信息反馈的基础上，满足了康复患者、康复团队、患者家属三个方面的相互需求（图5-16）。通过康复患者、康复团队、患者家属信息的采集和反馈，形成了一个永续的信息服务闭环。

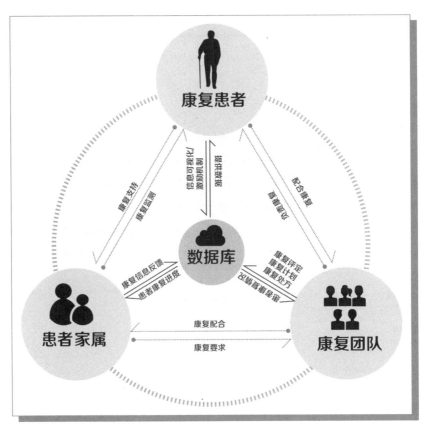

图5-16　康复数据服务生态系统

三是建立康复养老院服务系统。

康复养老院作为服务核心，将提供给患者软硬件康复服务，对患者家属提供软件信息服务。康复器械厂商给康复养老院提供硬件服务，并提供软件配套服务，软件数据提供商针对康复养老院的实际需要对软件配套的服务进行开发，并提供数据库维护等服务。康复器械供应商将提供软件数据开发的费用，康复养老院提供维护康复数据库的费用。康复患者和患者家属针对康复服务，提供相应的康复服务费用。由此，康复养老院康复服务体系（图5-17）建立完成，形成良好的服务环境。

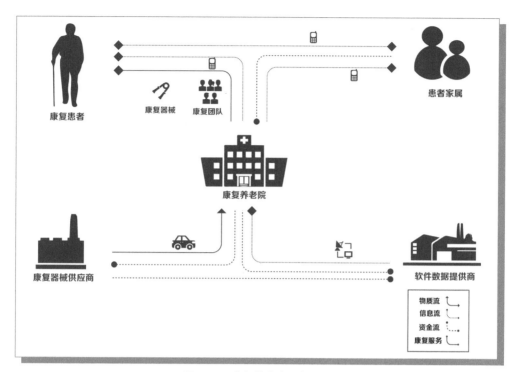

图5-17 康复养老院服务系统

（7）康复养老院服务设计实践

完善康复信息服务触点实践流程如下。

为了完善康复数据信息服务，我们对康复流程触点进行设计，这里分为四个步骤去实践（图5-18）：

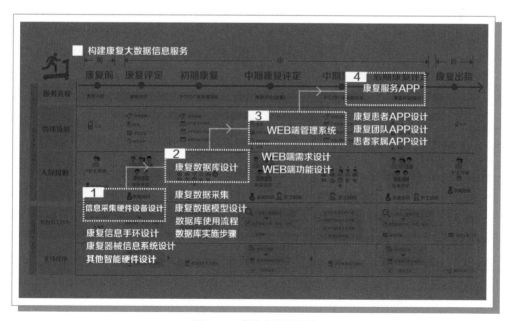

图5-18 实施步骤流程图

① 信息采集触点设计，这里需要对康复设备进行智能化改造、集成，鉴于此，我们需要对负责采集康复患者身体数据的手环进行设计和对采集康复训练数据的康复器械进行设计。

② 数据库设计，我们需要对数据库的数据采集、数据模型、使用流程和实施步骤进行相关实践。

③ WEB端管理系统设计，我们需要对WEB端的需求和功能进行设计。

④ 康复服务移动端APP的设计，APP分为三个端口：康复患者APP开发设计、康复团队APP开发设计、患者家属APP开发设计。

四个步骤完成后可以完善康复数据信息服务，打造康复数据服务生态系统。

信息采集硬件设备设计如下。

1）触点设计——康复信息手环设计（图5-19）

图5-19 康复信息手环设计

2）触点设计——康复器械信息系统设计（图5-20～图5-23）

康复器械是康复信息数据库采集信息的重要载体，是实现康复数据服务生态系统的关键，是康复信息反馈源之一。在此之前，康复器械没有产生有效关联信息，患者康复无法从康复器械中得到有效的康复数据，单方面、无有效关联信息的康复器械制约了康复服务的发展，也极大降低了康复效率，人们无法从康复器械中找到康复规律。康复器械的康复效果是否有用？康复器械康复效果有多大？在哪个时间段运用比较好？哪种康复疾病适合哪种康复器械？过去康复临床经验是否准确？康复器械信息系统设计为解决这些问题做了基础工作。

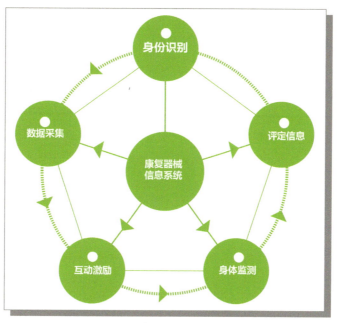

图5-20　康复器械信息系统图

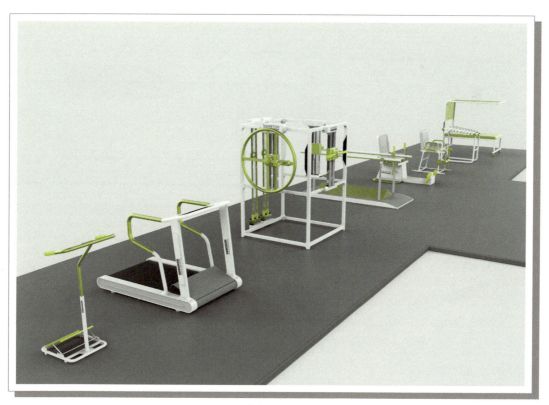

图5-21　康复器械设计图（1）

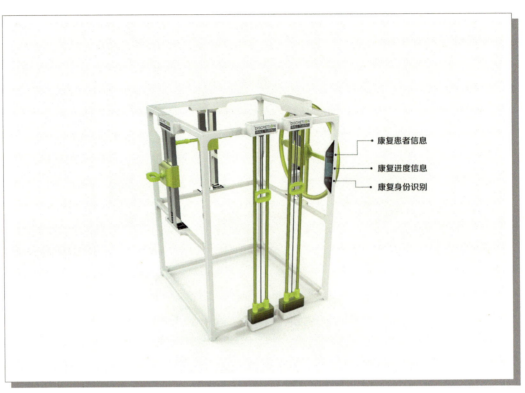

图 5-22　康复器械设计图（2）

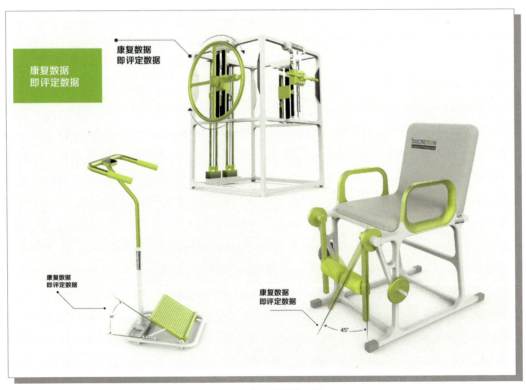

图 5-23　康复器械演示图

康复数据库设计如下。

1）数据库信息采集（表5-4）

表5-4 数据库信息采集

采集类别	数据采集类型	详细情况
康复患者	患者基本信息	年龄、身高、性别、体重、病症、职业、遗传、饮食偏好、家庭住址、用药禁忌
	心率	康复时心率、平时心率
	睡眠质量	睡眠变化
康复团队	评定数据	评估表、评估类型、评估结果
	康复处方、康复计划	康复目标、康复周期、康复步骤
	OT康复方案	OT训练计划、时间、地点、器械类型、次数、角度、力度、频率
	PT康复方案	PT训练计划、时间、地点、器械类型、次数、角度、力度、频率
	康复信息	康复病患介绍、康复饮食注意、康复住行注意、康复生活注意
	康复团队信息	康复医师信息、PT治疗师信息、OT治疗师信息、其他相关治疗室信息
患者家属	家属基本信息	姓名、联系方式、职业、与患者关系、家庭住址
	康复参与	可参与康复程度、可参与康复时间
	信息反馈	康复意见反馈、康复信息咨询
康复器械	数据信息采集	器械类型、器械工作次数、器械强度、器械运动距离（转速、距离、重量）

2）数据库完成主要服务功能（表5-5）

表5-5 数据库完成主要服务功能

服务端口	康复数据库主要服务功能
康复患者APP	康复进度信息、健康监测数据、康复信息提醒、康复社区
康复团队APP	器械完成信息、康复进度信息、动态康复评定数据、消息提醒、信息可视化、医患交流平台
患者家属APP	患者康复监测、健康监测、消息提醒、康复机构信息、信息交流平台
管理WEB	康复管理平台
康复手环	信息可视化、康复提醒
康复器械	信息可视化

3）数据库使用流程（图5-24）

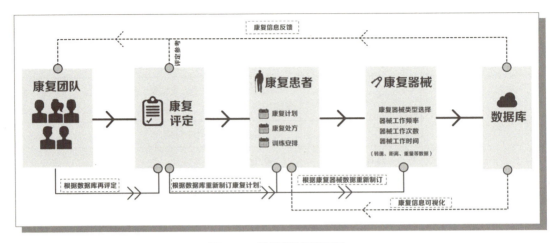

图5-24　数据库使用流程图

4）康复器械信息数据库实施步骤（图5-25）

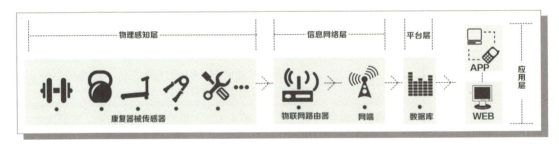

图5-25　康复器械信息数据库实施步骤图

WEB端管理系统设计如下（图5-26～图5-28）。

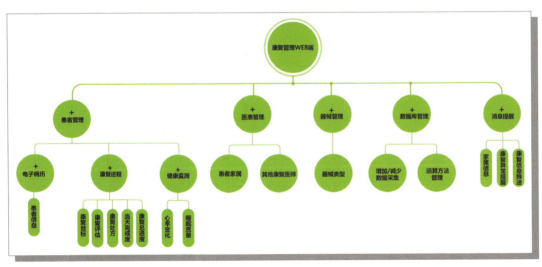

图5-26　康复管理WEB端功能流程图

图5-27　康复养老院信息管理系统WEB端（登录页）

图5-28　康复养老院信息管理系统WEB端（内容页）

5 >> 服务设计实践案例　075

康复服务APP设计如下。

1）康复患者APP功能流程图（图5-29）

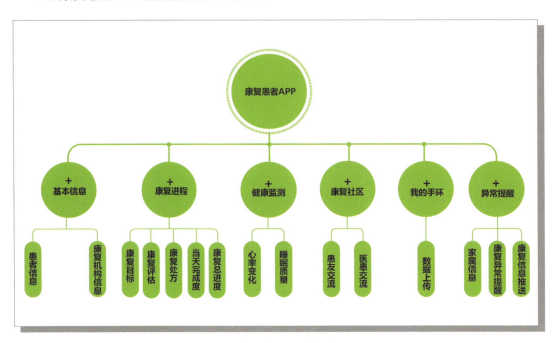

图5-29　康复患者APP功能流程图

2）康复患者端APP页面展示（图5-30）

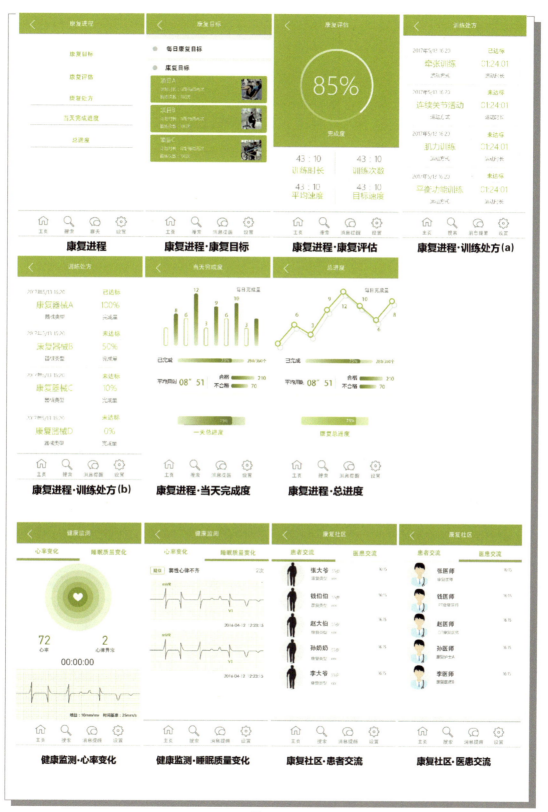

图 5-30

图 5-30　康复患者端 APP 页面展示

3）康复医师团队 APP 功能流程图（图 5-31 ～图 5-33）

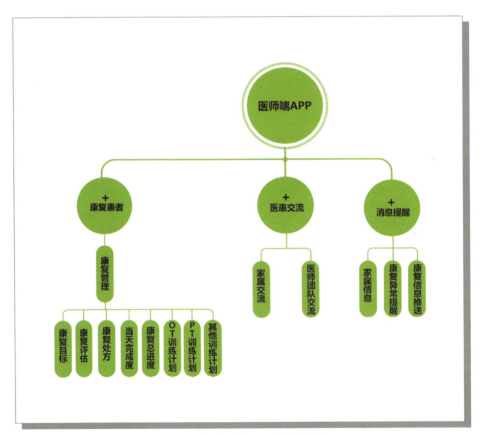

图 5-31　康复医师 APP 功能流程图

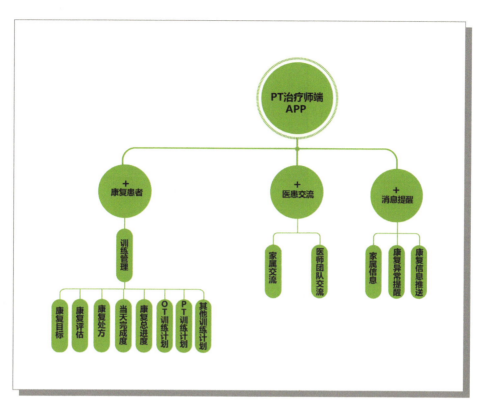

图 5-32　PT 治疗师 APP 功能流程图

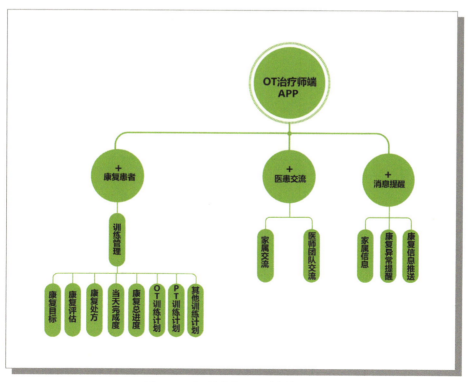

图 5-33　OT 治疗师 APP 功能流程图

4）康复医师团队APP页面展示（图5-34）

图5-34　康复医师团队APP页面展示

5）患者家属APP功能流程图（图5-35）

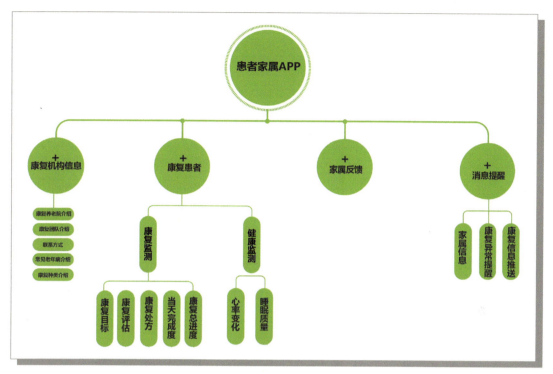

图5-35　患者家属APP功能流程图

6）患者家属APP页面展示（图5-36）

图5-36

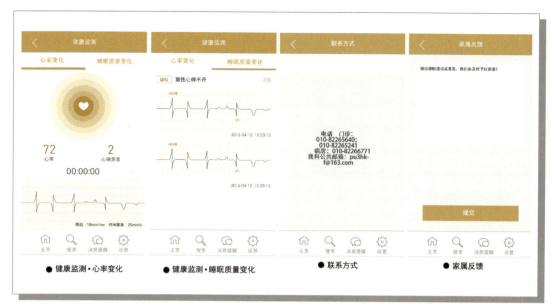

图 5-36　患者家属 APP 页面展示

康复器械外观设计如下。

以下是康复器械产品展示（部分）（图 5-37～图 5-39）。

图 5-37　康复器械造型图（部分）

图5-38 康复器械部分设计图（1）

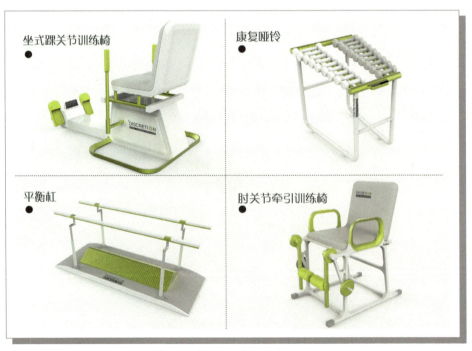

图5-39 康复器械部分设计图（2）

5.2 服务设计在商业里的运用——谭木匠微型体验线服务设计案例

谭木匠是集梳理用品、饰品于一体的小木制品专业化的著名集团。在过去的二十多年中有着长足的发展，但在近些年，发展遇到了瓶颈，木制产品的销售没有得到突破。怎么打破瓶颈，进一步发展是迫在眉睫的问题。本设计基于服务系统角度进行思考，进行微型体验线服务设计。我们旨在改变消费模式，顾客不是直接购买梳子等木制品就结束了，他们可以在谭木匠门店中体验制作木梳，在体验中获得情感等价值，给消费者带来体验的同时可持续地促进谭木匠的经济增长。本案例从系统角度设计，在完善体验消费模式基础上，对谭木匠的门店、空间、体验设备、配件工具、家具等软硬件进行全方位服务（图5-40）。

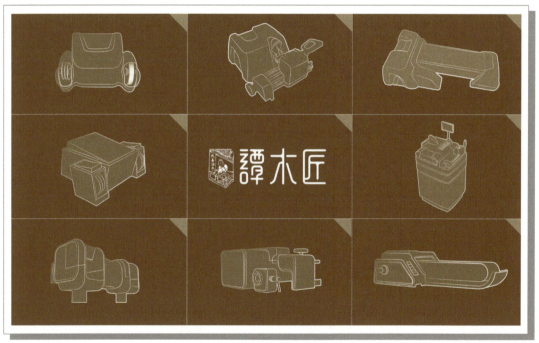

图5-40　谭木匠微型体验线服务设计

项目类型：产学研项目
合作方：谭木匠集团
设计团队：郑静、邹玉清、王祥、杭钦澄、吴月、王亚会
以下是本案例的背景分析。

（1）经济趋势的转变（图5-41）

由于服务经济也在逐步商业化，人们的个性化消费欲望难以得到彻底的满足，人们开始把注意力和金钱的支出方向转移到能够为其提供价值的经济形态，那就是体验经济。体验经济是从生活与情境出发，塑造感官体验及思维认同，以此抓住顾客的注意力，改变消费行为，并为商品找到新的生存价值与空间。体验经济是以服务作为舞台、以商品作为道具来使顾客融入其中的社会演进阶段。

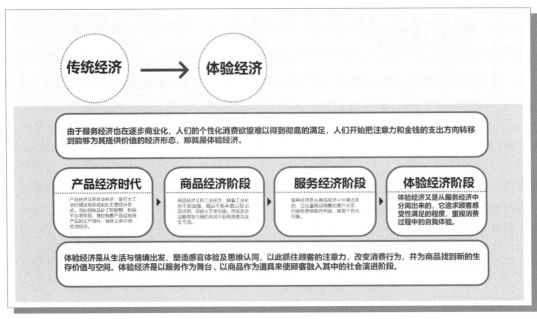

图 5-41　经济发展趋势

（2）体验经济下的消费行为分析（图5-42）

图 5-42　体验消费行为特点

体验经济下的消费者行为发生变化，具体有：

① 个性化　消费者追求那些促成自己个性形象、显示自己与众不同的产品或服务。

② 休闲化　随着科学技术的发展和生产效率的提高，人们休闲时间越来越多。经济娱乐化、休闲化的趋势越来越明显，背后的驱动因素同样是人类的"体验"需求。

③ 主动化　人们已经不再满足于被动地接受企业的诱导和操纵，而是主动地参与产品设计与制造。通过创造性消费来体现消费者独特的个性和自身价值，获得更大的成就感、满足感。

④ 感受化　现代消费不再重视结果，而是重视过程。当过程结束后，体验记忆会长久地保存在消费者脑中，因为它的美好、难得、不可复制、不可转让、转瞬即逝，它的

每一个瞬间都是一个"唯一"。

⑤ 情感化 消费者在注重产品质量的同时,更加注重情感的愉悦和满足。消费者更关注产品与自我关系的密切程度,偏好那些能与自我心理需求引起共鸣的感性商品。

(3)体验对产品的直观认知和感受

"以用户为中心,以服务为导向"。比如蔚来汽车公司,他们特别重视顾客购买汽车中的体验。他们为顾客提供可移动式环形座椅,为顾客提供高品质感的咖啡,空间氛围非常温馨,同时也为带孩子的家长提供儿童娱乐场所(图5-43)。他们的理念是:出售的已不单单只是单一的产品,重要的是要时刻保持愉悦的心情去体会生活。

图5-43 蔚来汽车体验空间

以下是消费者群体的情况分析(图5-44、图5-45)。

18~25岁 小年轻人	25~30岁 中年轻人	30~35岁 大年轻人
● 人群特点: · 大学生群体居多 · 刚步入社会群体 · 收入较低/无收入 · 消费能力较低 · 对新鲜事物接受度较高 · 思维活跃/追求时尚 · 社会角色转型时期 · 对事情充满好奇和渴望 · 消费能力取决于家庭	● 人群特点: · 工作稳定阶段 · 收入水平相对可观 · 大部分有家庭影响 · 追求精神享受 · 追求品质和档次 · 追求仪式感	● 人群特点: · 品牌意识较强 · 追求方便实用 · 追求环境和服务 · 更多关注健康娱乐 · 对于细节要求较高
● 消费体验动机: · 自身兴趣 · 周围消费行为带动 · 追求新的消费方式 · 为朋友、长辈或情侣定制 · 颜色、款式等时尚的追求	● 消费体验动机: · 对仪式感的追求 · 崇尚手工作物 · 作为社会活动娱乐 · 礼品定制	● 消费体验动机: · 对于品牌的忠诚度 · 有意义的健康娱乐消费模式 · 新的体验方式 · 自身兴趣的发展 · 礼品的实用价值 · 体验方式+实物的实用价值

图5-44 不同消费者群体分析(1)

女性年轻人 （消费特殊人群）	35~60岁 中年人	30~35岁 大年轻人
● 人群特点： · 消费领域的主要消费人群 · 女性消费能力占比大 · 情感驱动下的消费可能性大 · 对创造新鲜事物的热情 · 消费能力相对来说比较均衡 · 休闲时间相对来说比较多 · 考虑家庭的消费娱乐需求 · 从众消费 ● 消费动机： · 情感驱动下冲动消费 · 新的体验消费的追求 · 寻求新的消费结构 · 容易对手工体验产生代入感 · 作为礼品的实用价值 · 对环境、实用性和服务的考虑	● 人群特点： 1.对新鲜事物接受能力不高 2.行为反应较缓慢 3.消费追求实用性 4.大多结伴消费 5.对手工体验难以接受 6.消费场所较方便到达 7.大多消费目的是为了隔代消费 8.消费心态越来越年轻化 9.孤独感较重/缺乏交流 10.社交范围较小 ● 消费体验动机： · 自身对于新的体验方式的追求 · 从众消费心理 · 环境服务品质的多方面追求 · 大部分作为有纪念价值的礼品 （比如为子女定制/纪念日礼品定制/商务礼品定制）	● 人群特点： · 对新鲜事物接受能力不高 · 行为反应较缓慢 · 消费追求实用性 · 大多结伴消费 · 对手工体验难以接受 · 消费场所较方便到达 · 大多是为了隔代消费 · 消费心态越来越年轻化 · 孤独感较重/缺乏交流 · 社交范围较小 ● 消费目的： · 为子女定制（隔代消费） · 发展新的兴趣 · 扩大社交圈、缓解老年人的孤独感 · 性价比和实用性的结合消费 · 指导下操作简单。容易出实物

图5-45　不同消费者群体分析（2）

以下是用户体验商业表的相关内容（图5-46）。

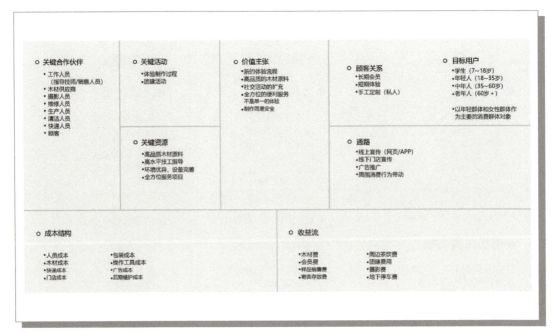

图5-46　用户体验商业表

以下是构建服务流程图的步骤。
1）大型体验店（图5-47）

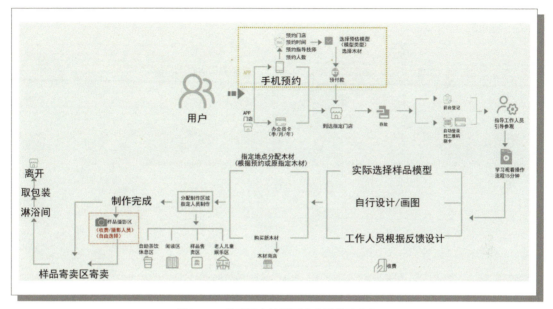

图5-47　构建服务流程图（大型体验店）

2）小型体验店（图5-48）

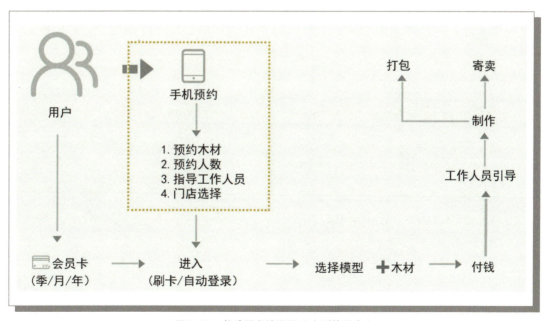

图5-48　构建服务流程图（小型体验店）

以下是改良型创新设计的具体内容。

1)方案一(图5-49)

配合工厂的设备研发基于现有的可实现性设想。谭木匠通过微型体验线的制作体验提升其品牌体验美誉度。在针对人群的审美的基础上,设计侧重简约、时尚、科技等风格元素,本方案采用塑胶、金属以及为外观喷涂工艺的外观设计,有较好的实现度。

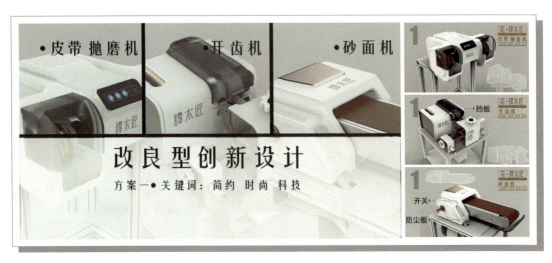

图5-49　方案一硬件设计

2)方案二(图5-50)

配合工厂的设备研发基于现有的可实现性设想。谭木匠通过微型体验线的制作体验提升其品牌体验美誉度。在针对人群的审美的基础上,设计侧重圆润、趣味、明快等风格元素,本方案采用塑胶、金属以及为外观喷涂工艺的外观设计,有较好的实现度。

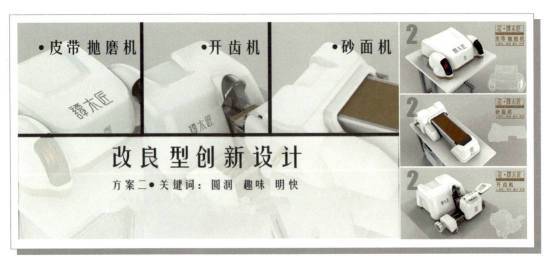

图5-50　方案二硬件设计

3）原木体验设备设计（图5-51）

考虑谭木匠集团本身以木头起家，本方案采用原木为主要材料，结合亚克力玻璃共同设计，体现原木的品质感。

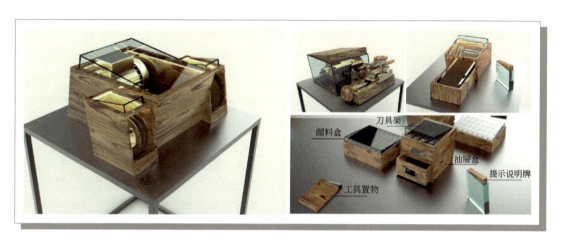

图5-51　原木体验设备设计

4）集成化一体机体验设备设计（图5-52）

经前期调研所得，集成化的体验设备更加符合在大小体验店的所有模式，体验一体机设备将各个功能部件集合在一个机器上，共用动力系统和吸尘系统。通过打造一体机来节约体验店的空间和成本。

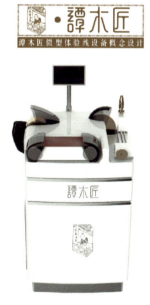
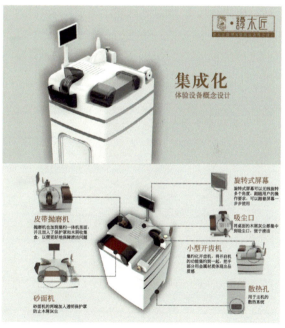

图5-52　集成化一体机体验设备设计

5）模块化体验设备

将例如"开齿机""打磨机""抛光机""刨齿机"等功能部分模块化，使用合适的机械结构实现快捷、方便、省力地与动力部分进行拆装，并且使用更紧凑的传动结构实现空间上的压缩，使用更巧妙的收纳方式节省更大的占地面积。

5.3 服务设计在美丽乡村建设里的运用——农村急救医疗服务设计案例

本案例将从服务设计的思维方式出发借助服务设计的方法展开对农村急救服务系统的研究，通过对农村地域性特点、农村急救医疗模式现状分析以及对利益相关者的痛点需求调研分析后深度挖掘农村急救医疗服务的缺口和机会点，确定以服务性和技术性为导向的农村急救医疗服务系统的核心价值主张，结合现今5G发展背景下的技术优势，最终构建以120急救数据管理平台为中心的农村急救医疗服务系统设计研究。本案例的主要创新点在于从全新的服务设计研究视角，考虑农村急救服务中"人的需求触点、技术化的可行性、服务体验的衔接性和整体性、农村地域环境的特殊性"四个方面，构建出不同模式下的服务系统的完整实现路径，并最终完善主要的农村急救服务模式下的应用触点设计。本案例的主要目的是通过全新的农村急救医疗服务系统以确保在创新的农村急救医疗服务系统链条上的每一个利益相关者能实现共赢，同时为我国不同地域的农村医疗事业提供借鉴性的参考。

项目类型：教学研究项目

设计团队：李亦文教授、吴月等

本案例的主要研究过程和研究内容分成四个部分（图5-53）。

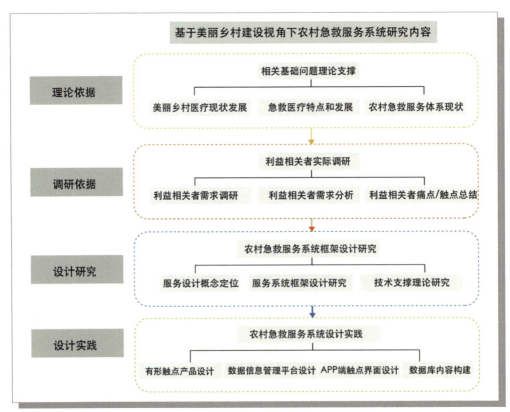

图5-53 研究内容框架图

第一部分是理论依据。理论依据主要是对农村医疗的特点和发展、急救医疗的现状与问题和研究程度,以及对农村紧急医疗的现状模式进行理论探索和分析,明确美丽乡村建设背景下的农村急救医疗的现有模式和发展程度,寻找设计视角下农村急救系统中存在的机会点和问题点。本次对农村地区的理论调研主要集中于长江三角洲地区的农村。此外,考虑到急救状况的种类复杂,所以本案例对农村急救病情的范围进行了限制性研究,主要以心脑血管疾病为主。

第二部分是调研依据。运用服务设计的方法对研究对象(利益相关者)采取调研访谈和问卷调查的调研形式,分析不同利益相关者对农村急救服务的需求点和痛点,使用服务设计工具明确利益相关者的关系、等级以及情绪体验等。

第三部分是设计研究,确定本案例主要的研究论点。利用服务设计的方法构建农村急救服务系统的框架系统,包括服务模式(应用场景)和服务流程。在服务模式和服务流程中确定创新服务系统中的主要利益相关者、服务系统中的接触点。同时考虑了未来技术,对技术可行性的支撑参照也做了研究分析。利用服务设计的分析方法确定农村紧急医疗体系的可行性。

第四部分是设计实践。设计实践是基于设计研究明确系统中的创新点。根据创新点的要求将设计实践的内容分成四个大块:有形触点产品设计、数据信息管理平台设计、APP端触点界面设计、数据库内容构建。

本案例涉及的研究方法如下。

(1)文献检索法

本案例主要从书籍资料、互联网搜集国内外相关文献以及相关研究现状材料中获得关于乡村医疗等的重要数据和观点,并作为研究支撑。通过文献法、历史性资料分析等方法系统阐明研究的重要性,制定研究的基本框架,同时设计与完善调查问卷及访谈提纲。

(2)问卷调查法和个人深入访谈法

本案例选取长江三角洲地区江苏省常州市金坛区的村落乡村医生、村主任、村民作为访谈对象,对其进行深入访谈。访谈内容包括乡村医生工作的基本情况、卫生室承担的紧急医疗救助服务功能、对当地急救医疗状况的调研等,按信息饱和度的原则确定访谈人数。主要对村民采取问卷调研形式和对医生采取一对一深度访谈的形式。

关于调查对象与抽样方法,本案例主要采用多阶段分层随机抽样的方法确定研究对象,在江苏省常州市金坛区三个村落和合并村镇医院进行访谈和问卷调研,随机抽取多名村落医生和患者调研。同时以这些村落的村民作为调查对象,向他们发放调查问卷。在前期文献查阅、网络资料查阅的基础上制定"乡村急救医疗服务"调查问卷,内容包括社会人口学变量(性别、年龄、专业、文化程度、经济状况等)、对乡村医院服务范围的基本认知情况。主要选取了3～5名村医对"乡村急救医疗"的情况进行了访谈。

(3)服务设计的方法

利用服务设计的方法完善本案例中的设计研究部分,主要有用户模型、用户旅程图、服务蓝图等。

以下是本案例的背景研究。

（1）农村医疗的特点

目前我国大量的农村医疗卫生院的规模急剧缩小，并且其中的大部分被合并成村镇型社区医院。这样一来，仅存的农村医疗卫生院的数量和服务性都在呈断崖式减少（图5-54）。

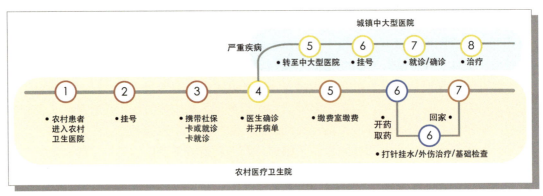

图5-54　农村和城镇医院服务流程

（2）农村急救服务现状

目前乡镇农村无就近急救网点，院前急救服务基本依靠城区网络医院来完成。由于地理与交通条件所限，城市网络医院急救车辆到达许多乡镇农村需1～2个小时。这种农村急救服务系统的急救服务距离远、救援反应时间长，而院前急救的特点是时间紧和病情危急，所以它并不适用于农村。急救服务距离远、救援反应时间长，错失急救时机的同时增加了农村患者的经济负担和心理负担。此外，对急救症状无法进行精准预估，也会造成急救错失时机后的非急救需求的医疗资源浪费。

（3）农村急救的问题

农村急救的主要问题是紧急医疗体系作为医疗建设的重要组成部分，在突发的危机与不确定的疾病和灾难面前，紧急医疗系统应当作为最主要的力量。但从以上的现状分析来看我国的紧急医疗治疗和救援系统中仍然存在以下问题：

① 紧急医疗救治系统不够完善，紧急医疗救治的系统网覆盖面不够，特别是农村。

② 患者发生紧急严重病情时，如在无人监管的情况下，存在无法及时被发现的问题。

③ 院前急救中救护车的检测设备单一，仅靠急救人员的经验对患者危险程度判断和病情判断，容易出现信息判定错误的情况。在急救过程中可能会因为不准确的判断而出现错误的急救措施。

④ 患者等待救护车时间和送往大医院救治时间过长，容易错失最佳抢救时间。

⑤ 转运过程中无法准确无误地和医院急救系统对接共享患者的情况，造成患者转送到大医院时依旧需要耗费一部分时间做二次检查和病情判断，容易错失患者最佳急救时间。

⑥ 农村地区、偏远地区和贫困地区的紧急医疗救治只能依靠当地的医疗水平，全国的高水平医疗技术不能同步共享给以上地区。

⑦ 120救护车的转运和抵达救护现场的交通过程中不确定因素过多，比如堵车、路

途不熟悉、交通不便等。

（4）农村急救医疗服务系统机会点研究

① 根据不同区域的农村特点和当地的医疗健康水平结果，构建符合当地农村机制完整的农村急救服务系统，包括系统中的就近区域化的动态运转模式，以及系统中的组织联动模式。

② 建立区域化的农村急救网络数据管理中心。

③ 根据农村的特点，在进行符合区域化原则的分析后选定最优化的地理位置建立农村急诊站。该农村急诊站结合人工智能医疗技术，满足监测和手术的功能，在最短的救援时间内保障农村患者的生命。

④ 引入5G背景下技术化和信息化的方法，包括数据管理中心的数据库联动、急救呼救"一键呼救"功能、利用大数据处理分析预测急症状况及其程度、GPS自动定位和转送模式的最佳匹配功能等。同时物联网技术的融入可以有效地实现远程会诊、远程联合手术等。

⑤ 对急救服务系统的数据库构建。

⑥ 用户端的信息联动交互，及时有效的沟通和普及，包括对信息的共享和透明化。

下述是本案例的需求调研。

一方面，确定农村急救系统利益相关者。

一般而言，利益相关者是指在设计过程中对设计有权利和有责任的任何人。在服务设计中，利益相关者也指在整个系统链条上所有共赢和参与的人。我们以是否能在农村建立紧急医疗救治服务系统为导向目标，在原始的系统服务流程的基础上找出所有利益相关者的服务关系（图5-55）。

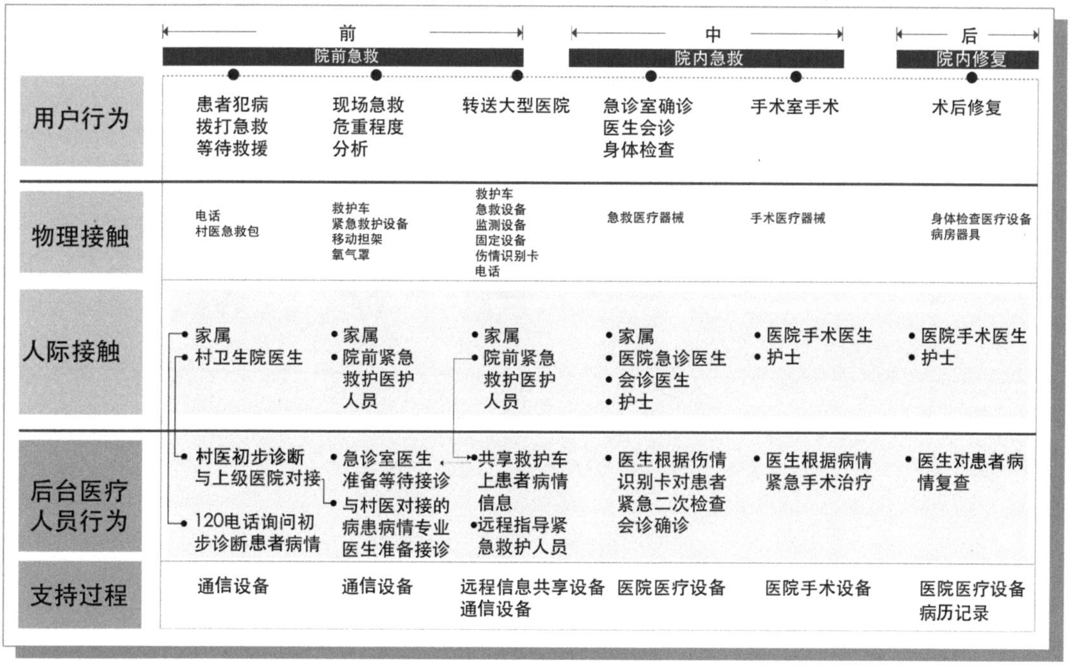

	前 院前急救			中 院内急救		后 院内修复
用户行为	患者犯病 拨打急救 等待救援	现场急救 危重程度 分析	转送大型医院	急诊室确诊 医生会诊 身体检查	手术室手术	术后修复
物理接触	电话 村医急救包	救护车 紧急救护设备 移动担架 氧气罩	救护车 急救设备 监测设备 固定设备 伤情识别卡 电话	急救医疗器械	手术医疗器械	身体检查医疗设备 病房器具
人际接触	• 家属 • 村卫生院医生	• 家属 • 院前紧急救护医护人员	• 家属 • 院前紧急救护医护人员	• 家属 • 医院急诊医生 • 会诊医生 • 护士	• 医院手术医生 • 护士	• 医院手术医生 • 护士
后台医疗人员行为	• 村医初步诊断与上级医院对接 • 120电话询问初步诊断患者病情	• 急诊室医生准备等待接诊 • 与村医对接的病患病情专业医生准备接诊	• 共享救护车上患者病情信息 • 远程指导紧急救护人员	• 医生根据伤情识别卡对患者紧急二次检查会诊确诊	• 医生根据病情紧急手术治疗	• 医生对患者病情复查
支持过程	通信设备	通信设备	远程信息共享设备 通信设备	医院医疗设备	医院手术设备	医院医疗设备 病历记录

图5-55 农村紧急医疗服务蓝图

在构建有价值的利益关系前,我们在对其原有的利益相关者的类别与特征进行分析和梳理后,整理出利益相关者类别分析图(图5-56),这是解决问题的关键步骤。在利益相关者的类别和特征分析中,我们根据利益体系中的需求和利益导向将其分成利益需求者、利益提供者和利益参与者三种类别。

另一方面,进行利益相关者关系用户评级及需求分析。

利益相关者关系用户评级的有关内容如下。

利益相关者的服务关系

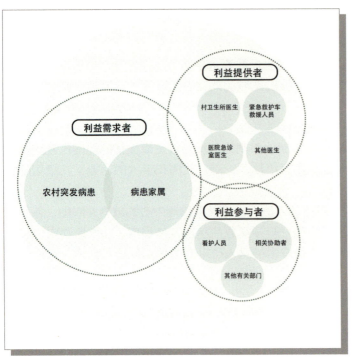

图5-56 利益相关者类别分析图

主要分为三类,我们在对服务流程中紧急救治重要等级进行判定后,有必要对服务关系中利益相关的优先级重新考量(图5-57)。

图5-57 利益相关者用户等级

农村居民需求分析的相关内容如下。

（1）用户问卷调研设计

本次是针对农村居民在紧急医疗救治时的问题所设计的问卷调研。问卷调研中主要考量了农村居民的基础情况（年龄、性别、文化程度、地域）、自身健康状况评价、体检周期，对于现有农村医疗的评价，对于紧急医疗的认知程度/认知途径以及相关紧急医疗知识的学习程度，是否有参与过紧急医疗救治的经历，对于现有紧急医疗救治的满意度，对于紧急医疗救治系统的必要性，对于紧急医疗器械的认知和使用感受等七个方面的问题。由于上文提出了三类不同类型的农村（A型经济发达地区农村/B型经济发展一般农村/C型贫困偏远地区农村）的考量因素，所以本案例中的问卷主要以网络问卷调研为主。

（2）人物模型假设

"人物模型假设"是确定和综合人物模型（用户原型）的重要工具。人物模型假设是基于用户可能的行为模式以及区分这些行为模式的因素而产生的。这里针对农村居民的人物模型假设是建立在不同的需求和变量基础上进行的分析总结，代表了整个农村群体的需求和行为模式。通过对问卷调查的结果进行分析总结，虚构出以下农村人物角色，这些农村人物角色具有农村居民群体的代表性特征（图5-58）。

基础信息

- 人物：王大爷
- 年龄：68岁
- 性别：农村男性
- 文化程度：无受教育背景
- 身体健康程度：有心脑血管疾病，常年吃药维持病情
- 家庭结构：目前和妻子、孙女同住，子女常年在外打工
- 平时依旧有田间劳作的需要
- 王大爷家距离村卫生所需要骑行15分钟，离当地医院的急诊部门开车需要30分钟。王大爷平时在村卫生所看病
- 王大爷无定期检查身体意识

需求

- 农村居民受到紧急医疗的不平等的资源待遇
- 紧急救援速度受到农村地形的复杂性的限制
- 农村的紧急救治受到当地的经济水平和医疗水平限制
- 农民普遍文化水平低，对于急救专业性无法理解和沟通
- 农村居民发病的时候大多是一个人，或者被家属发现
- 在紧急呼救时农村居民很难冷静，无法描述清楚情况
- 农村居民平时对急救知识的缺乏和对急救训练的不足

行动

紧急医疗救治的参与经历：王大爷同村的李大爷有发生过脑血管突发疾病，王大爷作为领导去帮忙，李大爷的妻子第一时间拨打了120急救，王大爷顺便帮忙通知了村卫生所的医生，村医10分钟后到达现场检查，但缺少急救手术设备和空间，加上村医能力有限，王大爷在村口帮忙引导急救车到达李大爷家，等120急救车30分钟到达后再转送到医院时，李大爷已经错过最佳手术急救时间，最后半身瘫痪在家

图5-58 农村患者用户模型

其他利益相关者需求分析如下。

其他的利益相关者主要有家属成员、村医、急救电话工作人员、院内急救医生、医疗设备提供者以及救护车驾驶员、相关医疗单位部门等（表5-6）。

表5-6 其他利益相关者需求分析

利益相关者等级	利益相关者	需求点
利益接受者	家属成员	1.对患者情况的获知 2.对急救电话的及时拨打 3.能准确提供患者信息和地址
利益主要参与者	村医	1.及时获知患者情况 2.拥有可以检测患者病情的设备技术 3.将患者信息共享并与急救医院信息衔接
利益主要参与者	急救电话工作人员	1.对患者危重情况和病情的准确判断 2.对急救部门的信息传达 3.对患者家属的电话指导
利益主要提供者	院内急救医生	1.信息的提前共享 2.转运时长缩短 3.患者治疗准备
利益次要提供者	医疗设备提供者	1.设备的创新科技迭代 2.设备的及时补充 3.设备的5G发展
利益次要参与者	救护车驾驶员	快速、及时、准确地赶往急救现场
利益次要提供者	相关医疗单位部门	1.对患者信息以及急救过程、急救手段、急救消耗的计量和建档 2.农村急救系统的规划考量

以下是创新设计概念定位的有关内容。

（1）农村紧急医疗服务流程构想

在对所有利益相关者的需求以及农村的特点进行调研、分析、归纳后总结出服务缺口和设计机会点，并由此总结出四套不同模式以符合不同情形下针对农村紧急医疗的服务系统创新构想，但并未细化设计流程和设计情境。因为上文已经清楚地整理了前期的方案和服务缺口/痛点（图5-59），而且接下来会继续深入探讨设计的细节。

为了确保农村紧急医疗服务流程的连贯性和全面性，我们从全局的角度主要将治疗服务系统分为呼救、现场急救、转送、转送后治疗四个阶段。依次按照农村病患的紧急危重程度和农村客观因素等考虑这四个阶段，它们并不是完全组成一个流程，而是选择性流程，比如呼救和现场急救是一个流程，而呼救、转送也是一个流程，当然这涉及的四个流程的设置并不是可以轮流切换的（图5-60）。

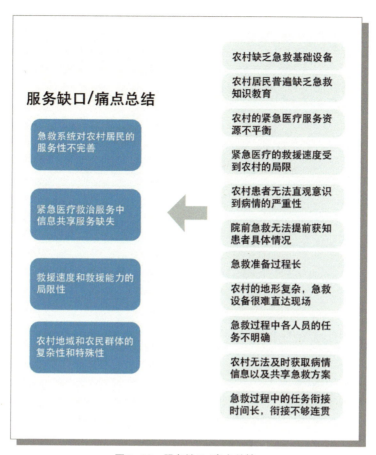

图5-59 服务缺口/痛点总结

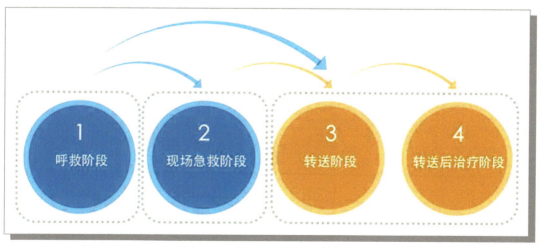

图5-60 治疗服务系统的四个阶段

（2）农村紧急医疗服务模式分析

目前可以从两方面对农村紧急医疗服务的模式进行分析：一是现场急救方面，二是转送急救方面。在现场急救方面，我们将其细分成自救模式和他救模式。在转送急救方面，我们将其细分成农村急救站模式和医院转送模式。这四种模式的共同点在于对病患的危重程度评定与利益相关者的分工和职能细分。结合现有数据时代和技术时代的产物，以120热线中心为中心的大数据库模式的发散，利用智能化、信息化的特点，在一定程度上优化紧急医疗系统在农村的构建情况（图5-61）。主要表现为：

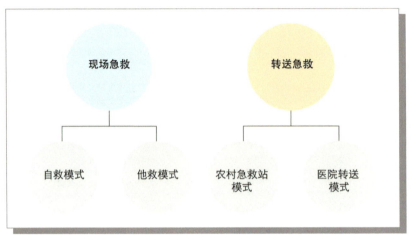

图5-61　农村紧急医疗服务模式分析

① "现场急救-自救模式"。
② "现场急救-他救模式"。
③ "转送急救-农村急救站模式"。
④ "转送急救-医院转送模式"。

"现场急救-自救模式"中主要的核心利益相关者是农村患者和120热线中心工作人员。农村患者首先具备可以自行求救的能力（拨打电话和正常说话），120热线中心工作人员将对农村患者进行电子病历和病情危重程度自测后结果对应生成的紧急急救措施发送给农村患者。于是两者间建立了互信合作共赢的关系（图5-62）。

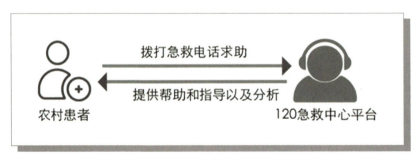

图5-62　"现场急救–自救模式"利益相关者图

"现场急救-他救模式"中主要的核心利益相关者是农村患者、120热线中心工作人员，但这个模式中家属、村医、院前急救医生、村务人员都可作为主要的参与者，即作为农村患者第一时间在现场急救的救助者和协助者。院内医生和政府机关、社会组织以及其他利益相关者作为次要参与者。在此模式中三个方面的利益相关者实现了互相促进的关系（图5-63）。

"转送急救-农村急救站模式"中主要的核心利益相关者是农村患者,而120热线中心工作人员是主要的核心利益中间者,家属、村医、院前急救医生、村务人员都是不同等级的主要提供者和参与者。这个模式中的利益直接提供者主要是120热线中心工作人员、村医、院前急救医生,而主要的参与协助者是家属和村务人员。次要的参与者是政府机关、社会组织,以及软硬件开发等人员。根据不同的转送模式中的转送地点是模式的主要侧重点,所以次要相关者中的内部相关者和外部相关者仍然可以互相转化(图5-64)。

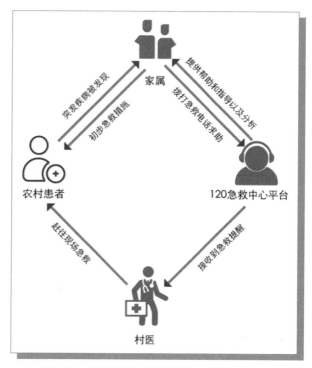

图5-63 "现场急救–他救模式"利益相关者图

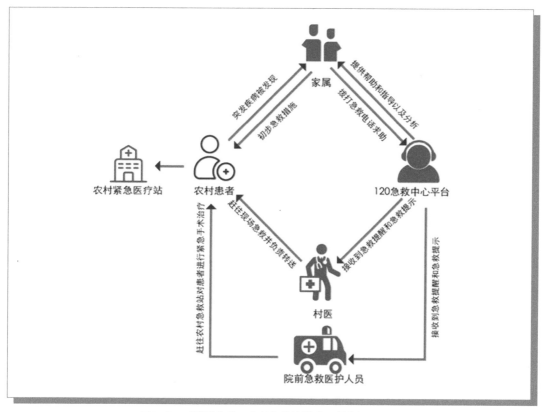

图5-64 "转送急救–农村急救站模式"利益相关者图

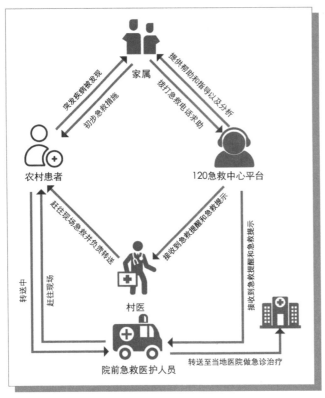

图5-65 "转送急救－医院转送模式"利益相关者图

"转送急救-医院转送模式"中主要的核心利益接受者是农村患者,核心的主要提供者是院前急救医生,家属是次要的受益者,村医、村务人员是次要的提供者和参与者,而120热线中心工作人员一直是这些利益相关者的中间核心联系者。在这个模式中,主要的提供者和次要的提供者无法互相转化(图5-65)。

"现场急救-自救模式"服务系统图如下(图5-66)。

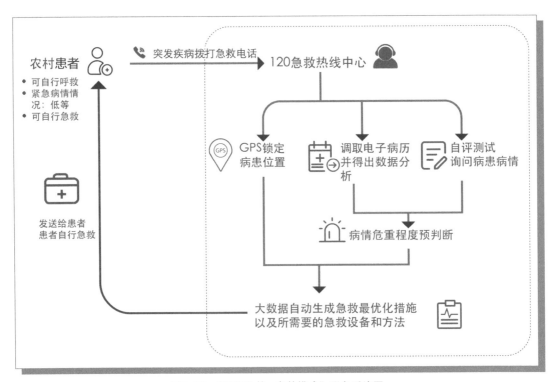

图5-66 "现场急救－自救模式"服务系统图

"现场急救-他救模式"服务系统图如下(图5-67)。

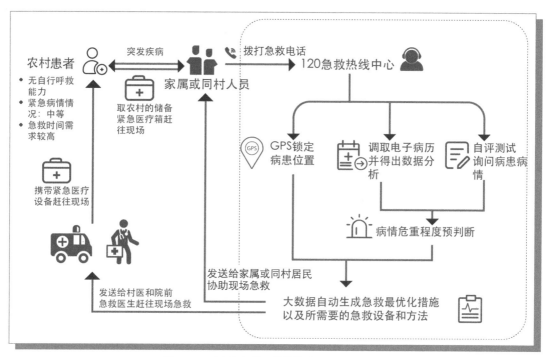

图5-67 "现场急救–他救模式"服务系统图

"转送急救-农村急救站模式"服务系统图如下(图5-68)。

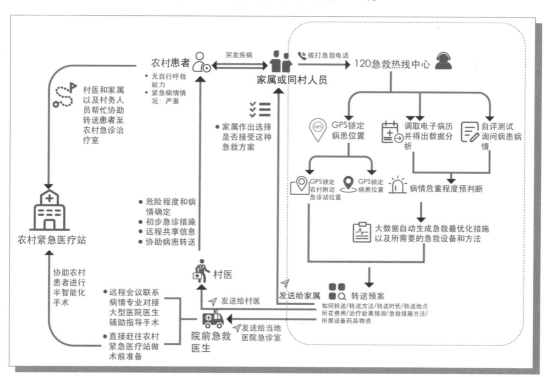

图5-68 "转送急救–农村急救站模式"服务系统图

"转送急救-医院转送模式"服务系统图如下(图5-69)。

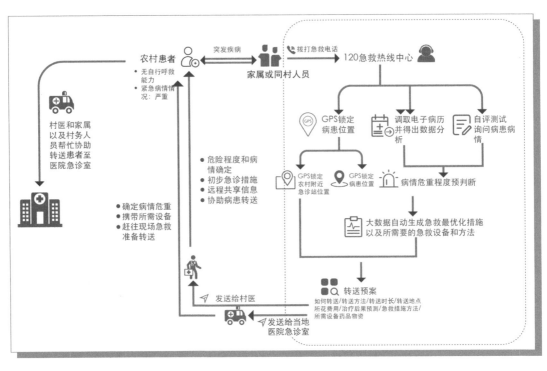

图5-69 "转送急救-医院转送模式"服务系统图

下面是农村紧急医疗救治服务设计实践的相关内容。

为了完善农村紧急医疗服务系统,我们对农村紧急医疗服务流程中的有效接触点进行创新设计。在对接触点的设计思考中,我们将接触点主要分为三个部分的内容去实现创新设计。

① 有形接触点设计。指有形接触点中对于农村医疗急救站的创新开发设计。对于农村急救站的使用空间、使用功能、使用方法和使用流程进行创新开发设计,以满足用户在每一个医疗流程中的服务体验。

② WEB端数据信息管理系统设计。WEB端的数据信息关系系统的触点主要是120数据中心系统,根据120数据中心的需求和功能,对120数据WEB端的界面进行系统设计。

③ 移动APP端界面设计。包括面向农村居民的APP开发设计以及面向医生团队的APP端界面开发设计。我们在对所有的信息界面的接触点的需求和功能以及界面设计的框架进行整理分析后,再进行界面开发设计。

第一个部分的内容是有形接触点设计。

A.农村紧急医疗站创新设计

农村紧急医疗救助站是农村急救医疗服务系统中的核心载体。农村急救站设计的主要目的在于能够保障农村居民在发生紧急情况时,避免因为转送路途的距离问题和救援速度的问题而导致农村居民无法及时得到紧急救治。本案例中对农村急救站的设计主要考虑从农村急救的急救功能设计和技术性的结合来实现(图5-70)。

图5-70 农村紧急医疗站创新概念设计

B. 智能体检病床一体机

智能体检病床一体机是置于农村医疗急救站中的医疗设备的创新设计。智能体检病床一体机的主要功能是为了在农村急救医疗站的有限空间里,能同时满足患者对检查和病床融合的需求。

这个智能体检病床一体机是可以选择不同的病情进行智能监测和手术操控的,运用最新的技术满足农村居民对急救安全上的保障需求(图5-71)。

图5-71　智能体检病床一体机创新概念设计

第二个部分的内容是WEB端数据信息管理系统设计。

120急救中心平台的WEB端数据信息管理系统最主要是协调农村患者、村医和专业医生的核心管理平台。在农村的紧急救援任务中，WEB端同时处理三方的数据，三方包括村民（包括患者和家属以及其他村民）、村医和医院急诊室医生。WEB端的功能设计主要分为六个内容板块：急救交流功能、急救自评功能、急救位置定位功能、病患病历分析功能、急救治疗预案功能、协调通知功能（图5-72）。

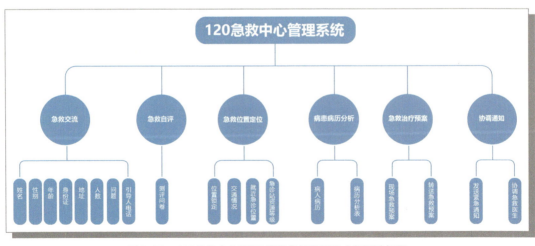

图5-72　120急救中心WEB端信息管理系统功能设计框架

120急救信息管理系统登录界面如下（图5-73）。

图5-73　120急救信息管理系统登录界面

120农村急救信息管理系统的五个主要功能模块如图5-74所示。同时这个界面上会实时更新农村急救的数据。

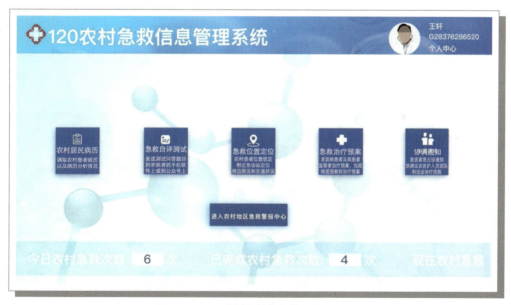

图5-74　120农村急救信息管理系统首页

个人中心的急救能力考核是每个月都会有的不同等级的知识点考核。对于考核过关者，政府会给予相应的奖励和颁发相应的证书，旨在用奖励制度来激发工作人员对急救知识的学习和培训热情度，如图5-75所示。

进入农村地区急救警报中心后正式开启急救处理状态：界面上的主要内容有接听求助者电话，开启急救交流模式，根据屏幕上的提示问题和患者进行引导式问答，同时对该地区的区域范围定位、人口总数、该地区的人口身体状况分析、该地区实时急救新闻都进行更新，如图5-76所示。

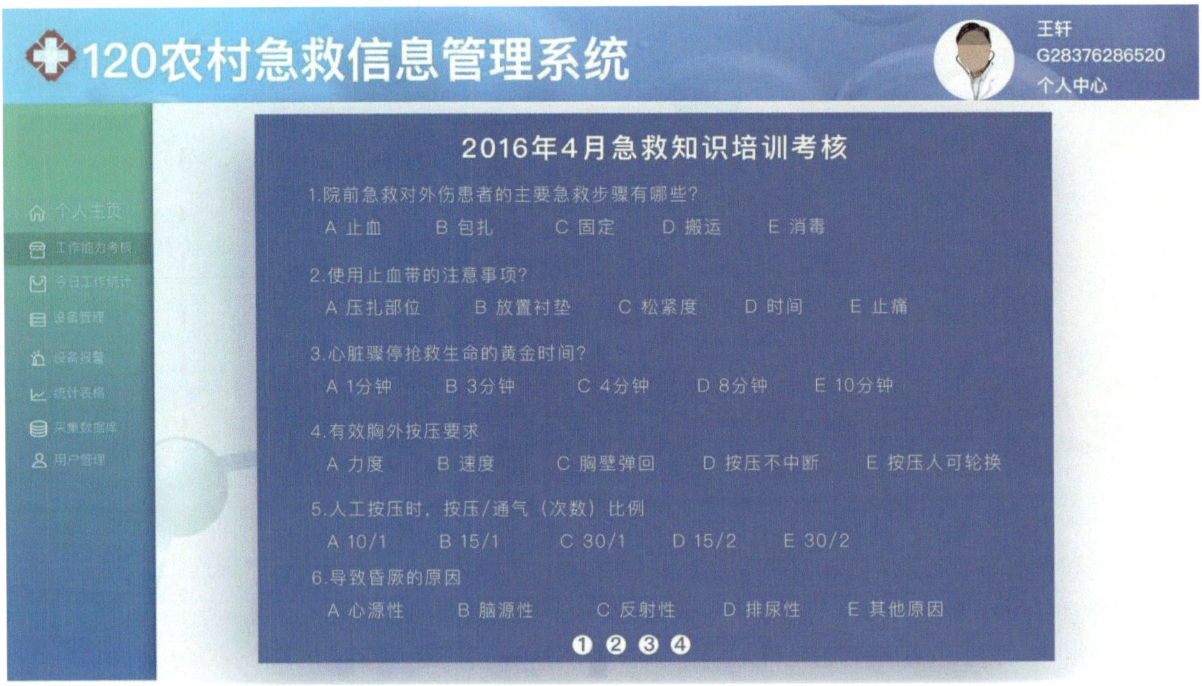

图5-75　120农村急救信息管理系统个人中心界面

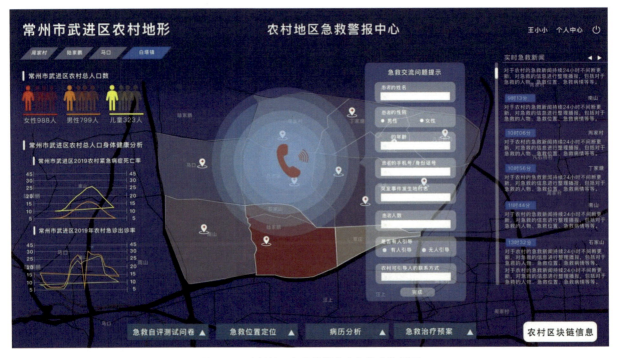

图5-76　农村地区急救警报中心急救交流界面

电子病历系统中心的界面设计主要由电子病历记录和病历分析、基本信息及分析后的紧急病情危重等级的评估构成,如图5-77所示。

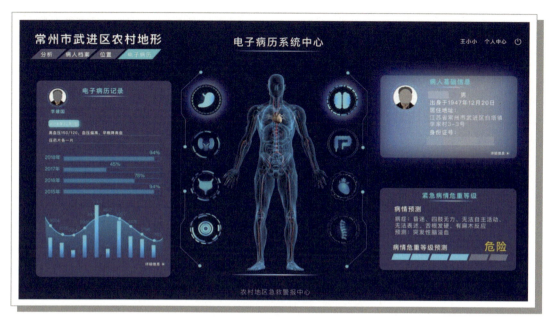

图5-77 电子病历系统中心界面

急救GPS定位界面能够快速精准定位以及在同一时间内对附近的交通路况进行分析和路线的规划,如图5-78所示。

图5-78 急救GPS定位界面

农村急救治疗预案的内容有基础的现场治疗急救措施资料库、转送治疗急救措施的资料库、转送的不同预案、治疗预案、治疗同意书等(图5-79)。界面设计的风格采用了全息投影的方式，3D环绕式的视觉设计效果能够增加全新的科技感。

图5-79　农村急救治疗预案界面

急救自评测试问卷的重要性在于能够在有限的时间内帮助求助者进行自评测试的问卷和客观的分析，协助求助者在客观冷静的情况下完成对急救现场的客观观察和回答（图5-80）。

图5-80　急救自评测试问卷界面

急救任务协调中心主要是分配和调节不同医生的急救任务和状态（图5-81），不再将急救的任务集中在当地的医院急诊部门，因为考虑到每个地方的医疗资源有限，所以将对农村的急救任务扩大到所有医生的任务分配中。基于对农村患者的病情和危重程度的预测评估，可以将对病情对接专业的医生分配到外出就诊任务中。在医院系统中查询对接专业医生的空闲预约情况，然后进行预约出诊。预约出诊的医生在途中可接收到患者的信息和评估，远程连接上级或大型医院的对接医生会诊。预约出诊的医生不用赶往现场急救，而是直接赶到农村急诊站做术前准备工作。

图5-81　急救任务协调中心界面

第三个部分的内容是移动APP端界面设计。

移动APP端的用户主要是农村居民和医生两方。在医生方面，在系统的管理中由于需求和行为任务是不一样的，所以又将医生细分成专业医生和村医两个方面的用户。不同的人群对于信息的需求也不一样，在终端界面的设计上，需要考虑不同的人群所需的功能而设计信息界面。

A. 农村居民端APP信息功能及界面设计

针对农村居民的终端界面需求，这里首先考虑了农村居民在农村急救系统中的信息需求。对农村居民来说，主要的核心需求是：ⓐ能快速准确地将求救信息传达出去；ⓑ尽快在最佳时间内获得急救治疗；ⓒ能享受到同等的治疗技术和手段；ⓓ对于急救信息的关注和关心；ⓔ对急救进程的关注（图5-82）。

一级界面的主要功能有：呼救功能、紧急治疗功能、个人主页功能、学习功能和商城。

二级界面的主要功能有：附近求救、村医求救和120急救求救；转送预案、治疗预案、治疗信息；个人信息、健康查询、身体自评测试；急救知识、病历分享和设置功能；商城中的急救医疗设备购买功能。

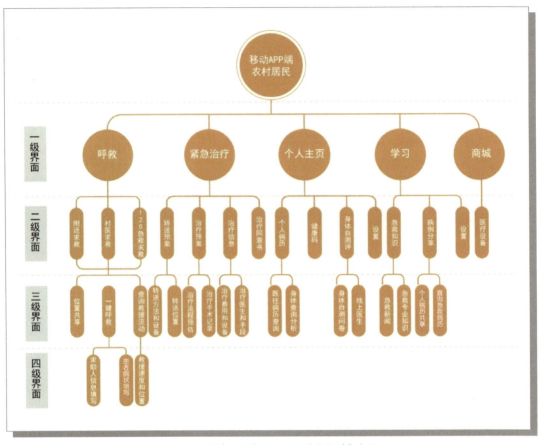

图5-82　农村居民端APP界面功能设计框架图

三级界面的信息交互功能有：患者位置共享、一键呼救、查询救援进程、转送方法和设备、转送位置、治疗流程预估、治疗手术记录、治疗费用和设备、治疗技术、既往病历查询、健康查询分析、身体自测问卷、线上医生、急救新闻、急救专业知识学习、个人病例分享、查询急救病例。

农村居民端APP信息界面设计如下（图5-83）。

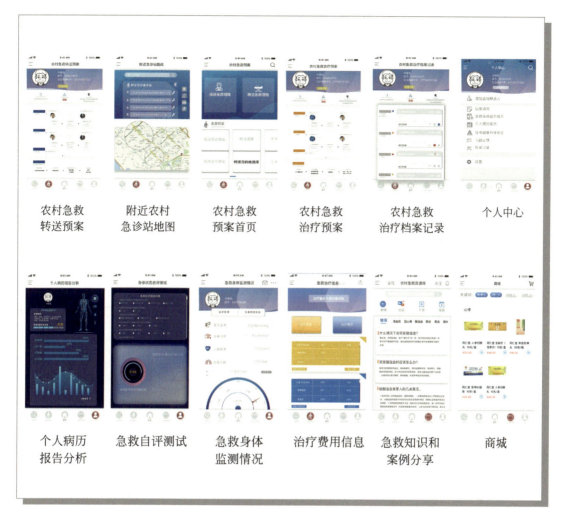

图5-83 农村居民端APP信息界面设计

B.医生端APP信息功能及界面设计

根据农村急救医疗中院内专业医生和村医不同的需求分析,对同一群体中细分的两个不同人群的信息界面功能设计也不一样。但村医端的APP的信息交互功能结构和院内专业医生端的APP的信息交互功能结构中主要的功能有:ⓐ紧急任务提醒;ⓑ患者的信息情况及急性病症的情况分析;ⓒ急救资源(急救设备、急救技术、急救手段、急救地点及位置导航);ⓓ治疗预案分析(治疗手段、治疗方法、治疗地点、治疗技术、治疗流程、治疗信息和费用);ⓔ远程会诊和指导;ⓕ个人急救能力测试考核(图5-84、图5-85)。

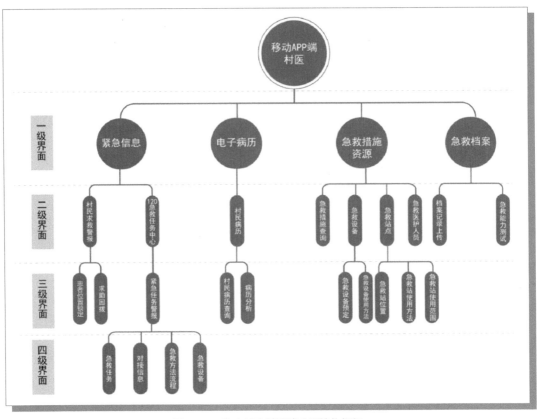

图 5-84 移动 APP 村医端功能结构框架

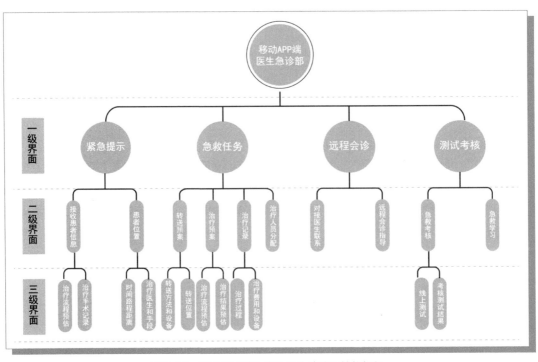

图 5-85 移动 APP 院内专业医生端功能结构框架

农村急救医疗APP医生端界面设计如下（图5-86）。

图5-86　农村急救医疗APP医生端界面设计

5.4　服务设计在校园里的运用——校园关爱流浪猫服务设计案例

校园里除了朝夕相处的同学和教师之外，经常围绕在我们身边的还有可爱的"喵星人"，它们小小的并不起眼，但也是学校的一分子，目前高校里面的流浪猫有很多。四季中，春天、夏天、秋天，小小的身影、软糯糯的叫声，使我们看见了它们的存在；然而在寒冷的冬天，流浪猫面临着危及生命的严重考验。每到冬天，能成功战胜寒冷活下来的流浪猫只有40%左右。也就是说，当冬季过去，10只流浪猫里能看见来年春暖花开的大约只有4只。

为了改善流浪猫在学校过冬时的窘境,我们就校园流浪猫进行系统的服务设计项目。

我们的目标人群为学校里的学生、教师以及学校管理者,但主要针对的是学校中的爱猫人士,他们三三两两,单独的小团体进行爱猫、喂猫活动但是不成系统,因此我们将为这类人群提供一个集爱猫、护猫、社交于一体的平台,并且构建出一个完整的流浪猫及爱猫人士的互动体系,同时本着保护流浪猫的初心,将设计猫舍,供流浪猫冬天取暖。这个案例(图5-87)将服务设计延伸至公益慈善角度。

项目类型:教学研究项目

设计团队:卢颖、杨再强等同学(设计),王祥(指导)

图5-87　艺起撸猫

本次服务设计课题主题为"为学校而设计",针对这个课题,我们在第一次的头脑风暴后,罗列了几个可以为学校设计的元素,如食堂、课程、排队、超市等场景与事件,同时也了解了同学们在学校期间接触最多的人或事以及经常去的地点。图5-88是我们进行头脑风暴的场景。

在经过一段时间对于设计对象的头脑风暴后,我们将目光锁定在流浪猫上。由于部分参与设计成员长期喂猫、关注流浪猫事件,所以以用户视角,为我们其他人阐述关注流浪猫的价值所在(图5-88)。

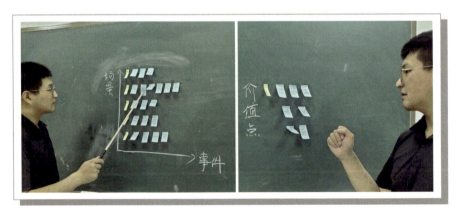

图5-88　罗列关注流浪猫价值所在

在明确主题及设计对象后,第二阶段要研究如何挖掘、深化流浪猫现状和存在的问题,并通过利用涉及流浪猫的利益相关者的研究、撸猫人士的行为分析、用户旅程图、构建服务系统图和服务蓝图来建立整个服务体系。

流浪猫利益相关者的研究如下。

我们将学校的人群分为爱猫人士、普通学生、学校管理者三个层次。三个层次分别对应了对于猫的三种不同态度或对待流浪猫的看法态度。图5-89是针对利益相关者的人物志分析。

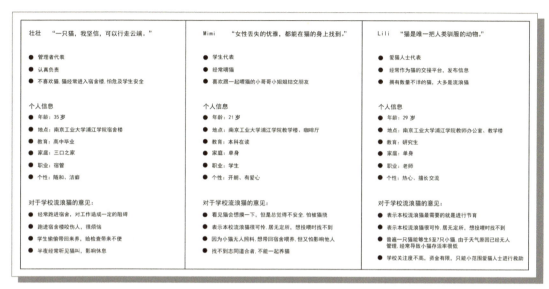

图5-89 利益相关者人物志分析

通过分析人物志，我们建立了与服务系统相关的一组虚拟的人物档案，用来代表"艺起撸猫"项目具有的共同利益和特征的潜在客户群。本次人物志分析将传统市场研究的抽象统计信息具体化，赋予用户个性，以便于将一系列真实的、个性化的人物置于情境中去研究爱猫人士、普通学生、学校管理者三类人的需求、愿望以及行为预期。

在确立了潜在客户群体——爱猫人士、普通学生以及学校管理者后，我们将"艺起撸猫"项目中所有涉及的人和组织放在一起，用图形化语言建立利益相关者图（图5-90）。

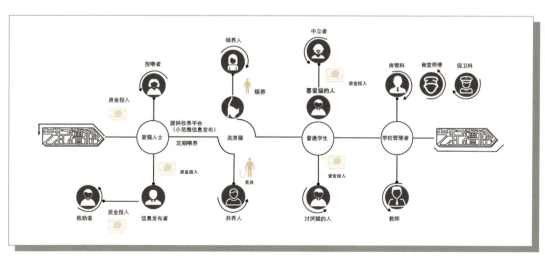

图5-90 利益相关者图示

5 >> 服务设计实践案例 117

在确立了利益相关者的群体之后,我们分析了校园里流浪猫的痛点和服务缺口(图5-91),并进行了服务缺口解决方案的讨论(图5-92)。

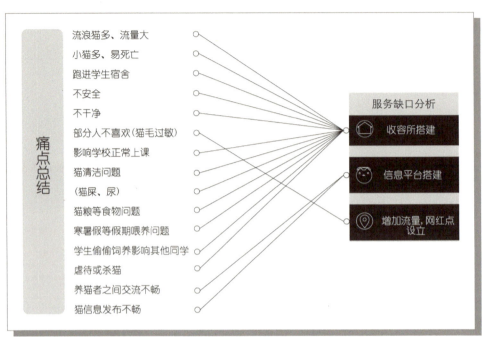

图5-91　痛点总结和服务缺口分析

图5-92　服务缺口解决方案

我们一步步拆解这三类人群行为的每个细节,并且重新定义他们行为的起点和终点,绘制了他们与猫的交互过程和描述了其间的体验感受(图5-93、图5-94)。

经历过对潜在客户群体、用户旅程图以及利益相关者这些探索阶段之后,我们将学校管理者、爱猫人士(志愿者)、普通学生三类人群与猫舍、APP平台这两个载体相联系,作出合理的服务系统图分析(图5-95、图5-96)。

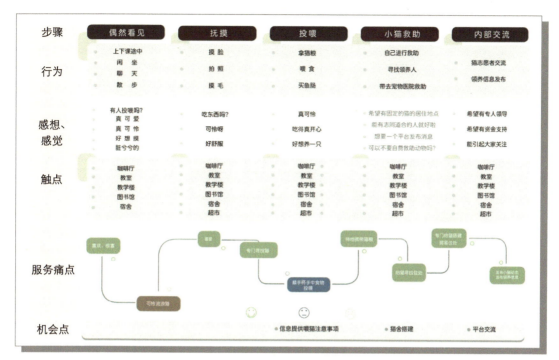

图 5-93 用户流程图——爱猫人士（志愿者）角度

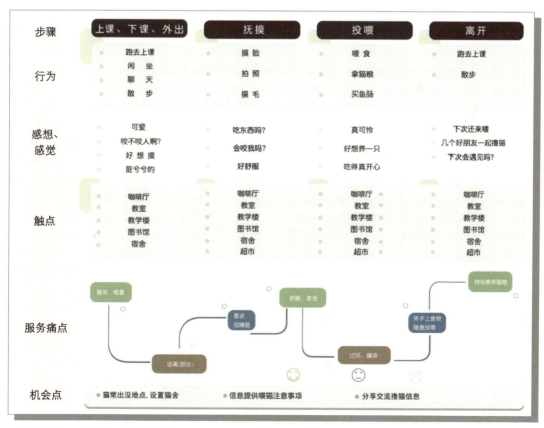

图 5-94 用户流程图——普通学生角度

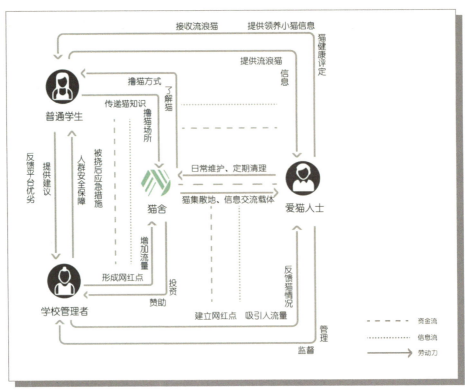

图 5-95 服务系统图——猫舍角度

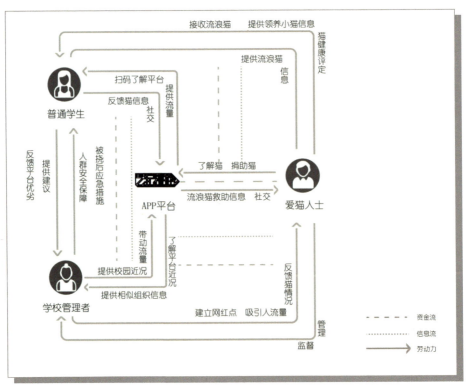

图 5-96 服务系统图——APP角度

在完成服务系统图后,我们基于服务流程搭建系统地描述服务的工具,即服务蓝图。我们将隐藏的服务因素显现在服务过程中,从而揭示整个服务过程中的系统交互关系,时刻保持与用户和服务环境变化的联系(图5-97)。

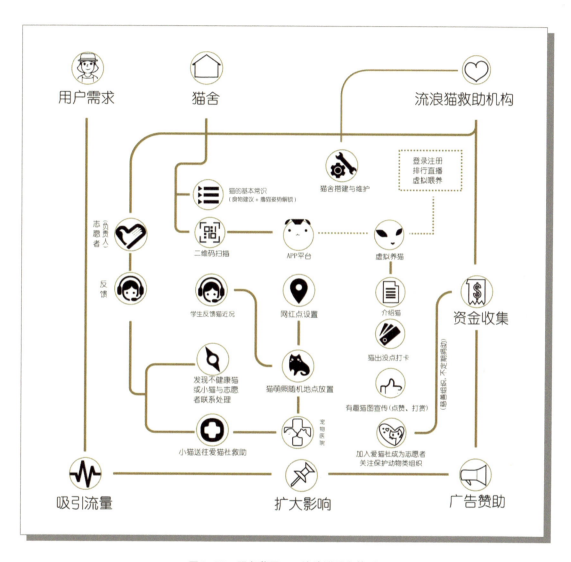

图5-97 服务蓝图——流浪猫服务体系

在明确了软硬件设计目标后,我们着重进行了"撸猫攻略"APP的设计以及"艺起撸猫"猫舍的实物制作。以下是"撸猫攻略"APP的交互情况(图5-98)和"艺起撸猫"猫舍的展板(图5-99)。

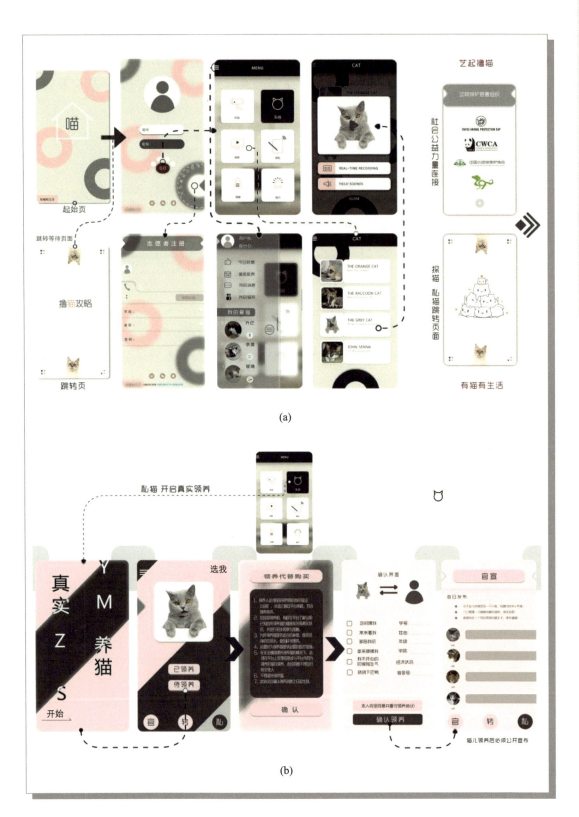

(a)

(b)

图 5-98 APP 交互

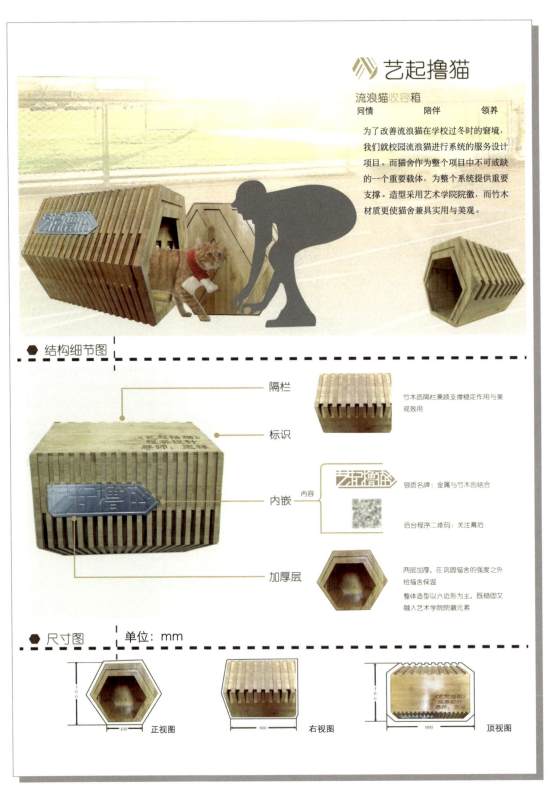

图 5-99 产品展板

参考文献

[1] 辛向阳，曹建中. 定位服务设计[J]. 包装工程，2018，39（18）：43-49.

[2] 罗仕鉴，邹文茵. 服务设计研究现状与进展[J]. 包装工程，2018，39（24）：43-53.

[3] 秦军昌，张金梁，王刊良. 服务设计研究[J]. 科技管理研究，2010，30（04）：151-153.

[4] 陈其端. 论服务设计的"全"视角价值[J]. 南京艺术学院学报（美术与设计版），2012（04）：141-144.

[5] 江加贝，李亦文，王祥. 基于疫情的互联网+背景下老年人居家养老服务系统设计思考[J]. 设计，2020，33（11）：78-81.

[6] 王祥，江加贝，卢颖. 基于服务设计思维的高龄康复产品开发研究——以智能太极推手康复锻炼仪为例[J]. 明日风尚，2020（21）：5-6+9.

[7] 代福平，辛向阳. 基于现象学方法的服务设计定义探究[J]. 装饰，2016（10）：66-68.

[8] 李雪亮，巩淼森. 移动互联网视角下老年人智能产品服务设计研究[J]. 包装工程，2016，37（02）：57-60.

[9] 傅恋群，王国胜. 服务设计与产品服务系统[J]. 工业设计，2016（05）：63-64.

[10] 王祥，贺鹏. 产品设计与服务设计的比较分析研究[A]. UXPA中国，UXPA中国2016行业文集[C]. UXPA中国：上海优帕会展有限公司，2016：6.

[11] 王祥，贺鹏，李亦文. 工业设计视角下紫砂器物设计创新的思考[J]. 设计，2016（13）：122-123.

[12] 王祥. 康复养老院信息服务系统设计研究[D]. 南京：南京艺术学院，2017.

[13] 陈嘉嘉. 探索工业设计教育新方向：产品服务系统设计[J]. 设计，2012（10）：140-143.

[14] 陈嘉嘉. 云端运算下服务设计与产品设计的融合：以服务为导向的产品系统设计[J]. 创意与设计，2013（05）：36-39.

[15] 陈嘉嘉，周剑，朱轶灵. 基于社会福祉的广场舞机器人服务系统设计[J]. 包装工程，2017，38（10）：48-54.

[16] 张希. 社区居家老年人疲劳体验理论模型与影响因素研究[D]. 开封：河南大学，2014.

[17] 刘雪荣，于普林. 浅析人口老龄化与老年社区卫生保健[J]. 中国卫生事业管理，2002，18（06）：366-368.

[18] 孟艳春. 中国养老模式与优化路径探析[J]. 河北学刊，2011（01）：129-132.

[19] 李柏姝. 用面向对象方法开发现代制造企业的管理信息系统[J]. 柴油机设计与制造，2002（01）：53-56.

[20] 郭宝玉. 基于SERVQUAL模型的航空公司顾客忠诚度管理研究：以中国国际航空公司为例[D]. 天津：天津工业大学，2012.

[21] 林航，李梦君. SERVQUAL服务质量评价模型及其修正研究[J]. 集团经济研究，2007（15）：256-257.

[22] 何平，郑益中，孙燕红. 基于服务质量和价格的服务竞争行为[J]. 系统工程理论与实践，2014（02）：357-364.

[23] 王立斌. 健身俱乐部的顾客忠诚研究[D]. 大连：大连交通大学，2009.